W0272124

Unter Pariser Dächern

Fotografie: Karl Johaentges
Text: Günter Liehr

Die Deutsche Bibliothek – CIP-Einheitsaufnahme

Unter Pariser Dächern/Günter Liehr (Autor).
Karl Johaentges (Fotogr.) –
Würzburg: Stürtz, 1998
ISBN 3-8003-0893-2

Alle Rechte für ***KaJo bei Stürtz*** vorbehalten
© 1998 Stürtz, Würzburg

Gestaltung und Layout: Karl Johaentges, Hannover
Karte: Sonja Auffahrt, Hannover
Schrift: Karl Johaentges, Hannover
Satz: types. Fotosatz, Hannover
Lektorat: Bettina Courant, Hannover
Korrekturen: Uli Zimmermann, Frankfurt

Printed in Germany
ISBN 3-8003-0893-2

Umschlagfotos:
Blick von der Avenue de la Bourdonnais auf den Eiffelturm
Concierge in der Rue d'Uzes
Ballettübungssaal in der Opéra Garnier
Designstudio am Place St. Sulpice
Blick in den Lesesaal der Bibliothèque Nationale

Edition ***KaJo bei Stürtz,*** Würzburg

Inhalt

Erst die Abendsonne modelliert das graue Dächermeer in eine plastische Landschaft

Der Wochenmarkt Dupleix unter dem schützenden Dach der Metro

Vorwort

In keiner anderen Metropole sind die Dächer so gewaltig und beherrschend wie in Paris, in keiner Stadt werden die Dächer so verehrt und besungen, haben sie Maler, Filmemacher und Schriftsteller so beflügelt. So ist es mehr als verwunderlich, daß es noch keinen Bildband zu diesem Thema gibt.

Zugegeben, es war nicht einfach: „Paris ist wie eine Auster – meist geschlossen", resümierte ARD-Korrespondent Heiko Engelkes nach 17 Jahren in Paris. Der erfahrene Fernsehmann muß es wissen, und er meint damit nicht nur die Zugänge zur Politik in dieser zentralistischen Metropole. Paris ist keine offene Stadt. Die Türen und Tore neben den Cafés und Boutiquen der Stadt sind meist verschlossen und mit ***Digi-codes***, ***Concierge*** und ***Sécurité***-Personal gesichert.

Dächer sind nicht nur die schützende Haut unserer Wohnwelt, sie sind auch die augenscheinlichste Visitenkarte einer Stadt, sie fallen ins Auge. Und man fragt sich immer wieder, welche Geheimnisse sie verbergen.

Um unter die Haut von Paris zu gelangen, bedurfte es zahlloser Briefe und oft langer Antragswege. Und eine Reihe von Bildideen scheiterte ganz einfach an mangelndem Verständnis der Entscheidungsträger. Aber Paris wäre nicht Paris, wenn diese Stadt nicht ein schier unerschöpfliches Angebot an Dachalternativen zu bieten hätte, und so entstand nach monatelanger Arbeit ein facettenreiches Mosaik der Seine-Metropole – mit Perspektiven, die selbst eingefleischte Pariser nicht kennen und in der Regel nie kennenlernen werden. Denn das Privileg, mit Feuerwehrleuten in die Kuppel des Invalidendoms oder in die Stahlhäute der Nationalbibliothek zu steigen, haben neben denen, die dort arbeiten (müssen), nur ein paar hartnäckige Spezialisten.

Parisbesuchern werden etwa zehn öffentliche Aussichtspunkte mit Vogelperspektive geboten (siehe Kapitel ***Bellevues***), ansonsten ist man auf die Perspektive des Straßenpassanten beschränkt. Von oben betrachtet sind die Dächer von Paris – mit wenigen Ausnahmen – grau, so grau wie der winterliche Himmel über Paris. Aus der Entfernung erscheint das zinkgraue Dächermeer gar als eine monochrome, uniforme Masse, die nur selten von ein paar Kuppeln und Türmen durchstoßen wird.

Aus der Nähe betrachtet allerdings sind sie alle sehr individuell, gleicht kaum eines der verwinkelten Zinkdächer einem anderen. Es ist ein fast anarchisches Nebeneinander sehr verschiedener Dachcharaktere, ein Wirrwarr von Zinkblech, Fenstern, Terrakottaröhren, Antennen und versteckten Dachterrassen.

Unter Pariser Dächern will keine Dachtypologie liefern. Bei unserer Spurensuche unter der Haut von Paris ist das Dach nur der 'rote Faden' durch die vielleicht meist fotografierte und beschriebene Metropolen der Welt. Neue Perspektiven zu entdecken war Chance und Herausforderung zugleich. Meine Ausflüge in unbekannte Gefilde wurden zum Abenteuer ***off the beaten track***, allerdings ohne dabei die Klischees aus den Augen zu verlieren. Aus Platzgründen haben wir uns auf das Paris innerhalb der ***Périphérique*** beschränken müssen, die nicht weniger interessanten Pariser Vororte, die ***Banlieus***, bleiben außen vor.

Für den Journalisten Günter Liehr war dieses Thema ebenfalls Neuland, obwohl er schon seit über 20 Jahre in Paris lebt. Er mußte zwar nicht schwitzend unter die Dächer klettern, die Recherchen für diesen Band waren jedoch nicht minder kräftezehrend. Auch sein literarischer Streifzug über und unter die Dächer bietet überraschende, neue Perspektiven und Einblicke. Mit Abstechern in die Literatur führt der Autor durch die Epochen der Pariser Dächer, erklärt Visionen, Architekturgeschichte, zeigt Querverbindungen und politische Hintergründe einer rasanten Stadtentwicklung auf. Und auf den Spuren prominenter Paris-Besucher führt er uns selbst unter längst verschwundene Dächer.

Bon Voyage!

Mai 1998 — Karl Johaentges

Schon Franz Kafka erinnerten die dünnen Terrakotta-Kamine an Blumentöpfe

Unter Pariser Dächern

Günter Liehr

Jean-Paul Belmondo kriecht aus einer Luke ins Freie. Hinter ihm thront weiß die Basilika ***Sacré Cœur***. Keine Zeit für Kontemplation! Er, der Superbulle, ist hinter einem Serienmörder her und duckt sich lieber hinter den nächsten Schornstein. Der Killer schießt, eine Terracotta-Kaminröhre geht zu Bruch. Der Kommissar läßt sich aufs Nachbardach gleiten. Das große Ding dahinter, ist das nicht die Oper? Ja, das ist die Oper, deutlich erkennbar an ihrem opulenten Figurenschmuck. Belmondo würdigt sie keines Blickes, hechtet riskant über einen Abgrund, kann sich gerade noch an der Regenrinne festhalten. In der Ferne erkennen wir vom Kinosessel aus das grüne Satteldach der ***Madeleine***, und weiter weg, hinten links, das könnte der Invalidendom sein. Aus dem fernen Dunst grüßen der Eiffelturm und das schildkrötenhafte Dach des ***Grand Palais***.

Aber Belmondo ist kein Tourist, er hat hier oben beruflich zu tun. Auch der Serienmörder hat's nicht leicht, er verliert sein Glasauge, das abwärts kullert. Von einem Dach zum anderen hangeln sich Verfolger und Verfolgter, unten kommt die schnurgerade ***Rue Scribe*** mit ihren Haussmann-Dächern ins Bild, aus ungewohnter Perspektive. Der Killer windet sich um einen Kamin, Belmondo stürzt, nein, er fängt sich, klammert sich an ein Rohr, die Kamera hat jetzt die Oper im Rücken und fängt dafür als Hintergrund eine Kaufhauskuppel ein. Schließlich turnt der Flic zwischen den großen Buchstaben der ***Galeries Lafayette*** herum, wo sein Gegenspieler in irgendeinem Mansardenfenster verschwunden ist. Ende des nervenzerfetzenden Dachintermezzos. Der Zuschauer atmet erleichtert auf, hat aber schon Einiges von der Stadt gesehen. ***Angst über der Stadt*** heißt dieser Thriller von Henri Verneuil aus dem Jahre 1974, der soviel Paris von oben zeigt.

Seit 1913 ***Fantomas***, die undurchsichtige Figur des Stummfilmregisseurs Louis Feuillade seine geheimen Wege über die Giebel genommen hat, sind die Dächer der Seinestadt im Kino allgegenwärtig. Sie bieten das ideale Terrain für akrobatische Einlagen und gefährliche Verfolgungsjagden; als Zugabe gibt es die Skyline von Paris.

Sous les toits de Paris heißt ein Meisterwerk von René Clair aus dem Jahre 1930: das Paris der kleinen Leute, der Ganoven und Verliebten unter den Dächern von ***Ménilmontant***, einem Stadtteil im Osten. Oft ist das Dach im Kino ein Ort abgeschiedener Privatheit, an den sich Paare zu trauter Zwiesprache zurückziehen – die Intimsphäre der Stadt, im Unterschied zu ihrer Schaufront.

Besonders gern wird die pittoreske Qualität der Dachlandschaft in Filmen der Kategorie „Amerikaner in Paris" bemüht. Nach einem langsamen, andächtigen Schwenk über die Dächer im Morgengrauen besteht kein Zweifel mehr: This is Paris! Auf dem Dach feiern die Künstler ihre Feste, und es kommt dort zum romantischen Tête-à-tête, wie in Martin Ritts ***Paris Blues***, einem Film über amerikanische Jazzmusiker in Paris.

Ironisch knüpft Roman Polanski in ***Frantic*** an das Amerikaner-in-Paris-Klischee an. Der erwartungsfroh begonnene Parisaufenthalt eines US-Paares entwickelt sich zum Alptraum, in der zentralen Dachszene verliert Harrison Ford bei einem gefährlichen Balanceakt über den rutschigen grauen Zinkbelag Kofferinhalt und Schuhe. Der Griff nach einer wackeligen Fernsehantenne bewahrt ihn gerade noch mal vor dem Absturz.

Sie sind eben außerordentlich filmogen, diese profanen Pariser Dächer, mit ihrem Durcheinander aus fleckigen Grautönen und dem Orange der kuriosen Tonröhren, die schon der aufmerksame Franz Kafka in seinem Reisetagebuch vermerkte: jene „aus den flachen Kaminen herauswachsenden hohen dünnen Kamine", die ihn an kleine Blumentöpfe erinnerten.

Die Allerweltsdächer bilden wiederum den Untergrund für die Türme, Kuppeln und andere Landmarken von Herrschaft und Hierarchie, die ihrerseits die graue Gleichförmigkeit brauchen, um sich abzuheben, um mächtig daraus hervorzuragen als gebaute Hinweise auf die eigene Bedeutung.

Auch in der Literatur kommen Pariser Dächer reichlich zum Einsatz. Oft werden sie in einen Zusammenhang mit der Befindlichkeit des Helden gebracht. „Diese Savannen von Paris, gebildet aus einer Ebene von flachen Dächern, die jedoch bevölkerte Abgründe verdeckten, paßten zu meiner Seele und harmonierten mit meinen Gedanken", berichtet der Ich-Erzähler in Balzacs Roman ***Das Chagrinleder***. Ebenso wie Balzacs Provinzler, die es in den Moloch Paris verschlagen hat, versöhnt auch neuangekommene Ausländer der Blick von oben mit manchen Härten: Die Dächer stehen für die Verheißungen der Stadt.

Hoch oben in einem Billighotel des ***Quartier Latin*** hauste der amerikanische Jungliterat Ernest Hemingway während seiner wilden Jahre, in denen ihm Paris als ein Fest fürs Leben erschien. Es machte ihm Spaß, in sein hohes Zimmer hinaufzuklettern, „von dem man über alle Dächer und Schornsteine des hohen Hügels unseres Viertels blicken konnte". Dieser Blick half dem Autor Hemingway sogar über Schreibkrisen hinweg: „Ich stand da und blickte über die Dächer von Paris und dachte: 'Mach dir keine Sorgen. Bisher hast du immer geschrieben, und jetzt wirst du auch schreiben können.'"

Da muß was dran sein, denn ähnliches findet sich auch beim Spanier Juan Goytisolo, dessen Held in „Landschaften nach der Schlacht" ebenfalls Obergeschoß-Bewohner in Paris ist: „Oft, wenn ihm die Inspiration ausgeht, läßt unser Chronist seine erotisch-apokalyptischen Fantasien fahren, Papier, Kugelschreiber und Schere auf seinem Arbeitstisch liegen, betrachtet das Panorama aus Dächern, Schornsteinen und Fernsehantennen, das sich aus seiner Dachluke bietet." Und das bringt's.

Gewiß, man braucht wohl einigen Sinn für das wunderliche Chaos dieser Dachwelten. Nicht jeder Paris-Reisende kann ihnen etwas abgewinnen. Für manche, die aus überschaubar-geordneten deutschen Kleinstadtverhältnissen kamen, bedeutete Paris ja überhaupt eine verstörende Erfahrung. Zu ihnen gehörte Heinrich von Kleist. Er habe, so stöhnt er 1801, „ein brennendes Bedürfnis, das alles aus den Augen zu verlieren, alle diese Dächer und Schornsteine und alle diese Abscheulichkeiten, und nichts zu sehen als rundum den Himmel – aber gibt es einen Ort in dieser Stadt, wo man ihrer nicht gewahr würde?"

Auch heute sind sie nicht jedermanns Sache, wie ich selbst mit Bestürzung feststellen mußte. Von meiner Wohnung in der fünften Etage aus bietet sich dem Auge eine reiche Auswahl an Dächern verschiedenster Art, aus Ziegeln, Schiefer oder Zink, verziert durch Kamine, gerade, krumme und teils abgebrochene Tonröhren, Windhauben, Gauben, Mansardenfenster, Regenrinnen, Fernsehantennen – ein Blick, der mir lieb und teuer ist. „Also, schön ist das ja auch nicht grade!" sagte dazu kürzlich ein sinnierend aus dem Fenster schauender Besucher aus Deutschland. Ich war wie vom Schlag gerührt.

Ausblick auf Zinkblech, Kamine, Antennen

Nicht jedem erschließt sich also der Reiz chaotischer Kaminröhren, die ja nichts anderes sind als die Auspuffanlagen der Häuser. Man muß sie schon sehen wollen, die Schönheit des Häßlichen in der Alltagsszenerie der Großstadt.

Die Bewohner der oberen Etagen aber lieben in der Regel ihre Dächer. Hier oben liegen Welten, von denen die anderen tief unten in den Straßenschluchten nichts ahnen. Und wäre es nur der Himmel über Paris: eine oft windige, bewegte Angelegenheit, mit Luftströmen vom Atlantik und vom Ärmelkanal, mit schnellen Wechseln, mutierenden Wolkenbildern samt wechselnden Farbeffekten, und nachts hängt zwischen den Kaminen der Mond.

Dann sind da aber auch die Vögel: Tauben, die alles gnadenlos mit ihrem Dreck überziehen, aber auch Schwalben, Mauersegler, Krähen, Elstern sowie die Möwen, die sich seltsamerweise jeden November, vom ***Canal Saint***

Martin kommend, in Sechsergruppen auf die Antennen hocken und dort den Winter über ihr Palaver abhalten. Sehr weit weg scheint der Straßenverkehr. Gedämpft, wie aus der Ferne, dringt das Röhren und Hupen der Avenue herauf, man hört die Hochbahn-Metro in der Kurve kreischen, ohne sie doch zu sehen. Statt dessen hat man Blickkontakt zu den Nachbardächern und ihren Fenstern, wie Raphael, der Held aus Balzacs ***Chagrinleder:*** „Anfangs schien mir diese Aussicht monoton, doch bald entdeckte ich darin eigentümliche Schönheiten.“ Zum Beispiel „im Rahmen einer morschen Dachluke ein junges Mädchen, das sich unbeobachtet glaubte und seine Toilette machte“.

Was sich heute als paristypische Dächerwelt präsentiert, jene gleichförmige schiefer- oder zinkgraue Landschaft mit ihren vertikalen Akzenten, stammt zu einem großen Teil aus dem 19. Jahrhundert, als dessen Hauptstadt Paris ja gern bezeichnet wird. In dieser Zeit wurde die Metropole in einem Maße demoliert und transformiert, wie das in Friedenszeiten keiner anderen Stadt widerfahren ist. Dächer aus früheren Zeiten finden sich in den wenigen Resten des alten Paris, die von der Erneuerungswalze des Baron Haussmann ausgespart blieben, oder auch in einstigen Dörfern wie Montmartre, Belleville, Charonne, die erst 1860 eingemeindet wurden.

Marais-Moden

Das mittelalterliche Haus ist, abgesehen von ein paar Überbleibseln, praktisch verschwunden. Nur auf Gemälden ist die Stadtlandschaft festgehalten, wie sie noch in großen Teilen bis zu den Umbauten des Zweiten Kaiserreichs fortbestand, zu betrachten in dem der Pariser Stadtgeschichte gewidmeten ***Musée Carnavalet***, dem früheren Schloß der Madame de Sévigné im Stadtteil Marais. Dort steht auch ein Modell unter Glas, das den Zustand der ***Ile de la Cité*** vor ihrer radikalen Umwandlung zeigt: ein dichtes, verwinkeltes Quartier voller schmaler Giebelhäuser mit roten Ziegeldächern: die Stadt aus Victor Hugos ***Glöckner von Notre Dame.***

Place des Vosges, Reihenhäuser für den Hofadel

Diesen Anblick hatte Paris mit anderen europäischen Städten gemein. Was sich ab Mitte des 19. Jahrhunderts an die Stelle setzte, hatte damit nicht mehr viel zu tun.

Bleiben wir ein Weilchen im Marais! Es ist ein Terrain, auf dem einigen Etappen in Sachen Dachentwicklung und Urbanismus nachgespürt werden kann. Da ist zum Beispiel die ***Place des Vosges***, vormals ***Place Royale***, vielleicht der schönste Platz der Stadt, in Auftrag gegeben vom guten König Henri Quatre. „Paris ist eine Messe wert“, soll er gesagt haben, als er 1593 vom calvinistischen zum katholischen Glauben überwechselte, Vorbedingung für die Einnahme der Hauptstadt und die Ausübung der Königswürde. Damit endeten die entsetzlichen Religionskriege, man konnte wieder aufatmen und die Verschönerung der Stadt in Angriff nehmen.

Henri IV vereinte Teile des Hofadels in Reihenhäusern an einem einheitlichen Wohnplatz, streng rhythmisiert durch die gleichförmigen Dächer und die steil aufragenden Kamine. Nur die Pavillons des Königs und der Königin sind etwas größer und fallen durch höhere Dächer auf. Der erste gekrönte Stadtplaner war wie viele Urbanisten ein Feind des Unübersichtlichen, ein Gleichmacher, ein Freund der Symmetrie. Die 36 quasi-identischen Gebäude künden von gefestigter Herrschaft, von Unterwerfung unters Gesetz der Monarchie, von Kontrolle und Ordnung nach einer Zeit des Chaos.

„Die Bäume, Gitter und Häuser rings sehn mich quadratisch an“, notierte 1924 Kurt Tucholsky. „Hier wohnte früher guter alter Adel. Jetzt kümmert sich kein feiner Mann um ihn.“ Kaum vorstellbar angesichts des heutigen Ambientes aus Edelboutiquen und Luxusrestaurants unter den Arkaden der Place des Vosges, deren würdevoll strahlende Pavillons von Ex-Ministern, Modeschöpfern und anderen Mitgliedern der 'besseren' Kreise bewohnt werden.

Verwinkelte Dachlandschaft im Quartier Latin

Aber es stimmt schon: Während sich hier noch im 17. Jahrhundert die Spitzen der Gesellschaft tummelten, erlebte der königliche Platz wie das gesamte Marais über die folgenden Jahrhunderte einen allmählichen, aber permanenten Niedergang. Mit dem Industriezeitalter nisteten sich schmutzige Betriebe in alten Palais ein, aus den Höfen quollen beißende Dämpfe. Das Adelsquartier war zu einer verwahrlosten Kleine-Leute-Gegend geworden.

1924, im Jahr des Tucholsky-Besuchs, fand ein junger, mittelloser Journalist aus Lüttich eine ebenso billige wie schäbige Bleibe an der Place des Vosges, er hieß Georges Simenon. Später ließ er seinen Kommissar Maigret und dessen muttchenhafte Madame dort wohnen: Die Adresse entsprach dem kleinbürgerlichen Image der Romanfiguren. „Die Wohnung, der Zahnarzt, der Kohlenhändler sind hier für jeden Geldbeutel erschwinglich“, teilte fünfzehn Jahre später der schreibende Flaneur Léon-Paul Fargue mit. „Nichts ist heute weniger elegant als diese Landschaft aus Dachziegeln in Verbindung mit Steinen, die weder zum Bugatti noch zu der wenig verhüllenden Wäsche der Mondänen von 1939 paßt.“ Kurzum: das Quartier war vollkommen ***out***.

Es gab ernsthafte Pläne, große Teile des Marais abzureißen. Und bis in die sechziger Jahre wurde auch tatsächlich einiges plattgemacht. Der gaullistische Kulturminister André Malraux setzte dann gottlob das „Gesetz zum Schutz des Geschichts- und Kulturerbes Frankreichs“ durch, und mit den siebziger Jahren ging es deutlich aufwärts. Das Marais wurde restauriert, musealisiert und aufgenobelt. Die ***Place des Vosges***, König Heinrichs Reihenhausgeviert, ist heute wieder eine feine und teure Adresse.

Henri IV, der die Fertigstellung des Platzes selbst nicht mehr erlebte, hatte die erste Marais-Mode angekurbelt. In der Umgebung ließen sich die führenden Familien Frankreichs ihre Stadtschlösser bauen.

Kein Wunder, daß sich hier, in Reichweite der betuchten Kundschaft, der Höflinge, der Financiers, der hohen Richter, auch die großen Architekten ansiedelten. Einer von ihnen war François Mansart, der sich in besonderem Maße um die Pariser Dächer verdient gemacht hat. Er war zwar nicht der Erfinder des Dachstuhls ***à la Mansart***, den hatte vor ihm Pierre Lescot für den neuen Louvreflügel von Henri II entwickelt, aber erst mit Mansart verbreitete sich das Mansardendach. Die Hôtels des Adels hatten bis ins 17. Jahrhundert gerade, spitz zulaufende Dächer, wie die Häuser an der Place Royale.

Mit dem ***comble brisé***, dem gebrochenen oder geknickten Dachstuhl, wurde der untere Teil des Daches steiler, der obere flacher. Durch den vergrößerten Abstand zwischen Boden und Gebälk bot das Dach nun wesentlich mehr Platz und konnte als Wohnraum genutzt werden. Außerdem brachte der ***comble brisé*** eine ästhetische Veränderung mit sich: Die Silhouette der Dächer wurde niedriger und kompakter, aus runden, steinumrahmten Luken wurden eckige Fenster mit hölzernen Rahmen. Nach und nach ging das Mansardendach dann von den Stadtschlössern über auf die Bürgerhäuser: ein einheitsstiftendes Formelement für die Pariser Oberstübchen.

Sous la Coupole

Dächer bieten nicht nur Schutz vor Witterung, sie geben Auskunft über sozialen Rang und Bedeutung, haben Anteil an der Bemühung um Schönheit und Repräsentanz. François Mansart war nicht nur ein Spezialist für Mansardendächer, er war auch ein Meister der Kuppeln. Auch diese demonstrativ herausragenden Elemente der Pariser Skyline tauchten zum ersten Mal im Marais auf. Sie waren die aus Rom importierten Kennzeichen der auftrumpfenden Gegenreformation, architektonische Gesten eines wiedererstarkenden Katholizismus. Symbolisieren sie nicht das Himmelsgewölbe mit dem göttlichen Licht, das von hoch oben auf die Gläubigen fällt? Oft sind die Kuppeldecken innen mit himmelwärts strebenden Szenen ausgemalt. Die hohen Konstruktionen, die feierlich den Raum überwölben, verhießen Geborgenheit im rechten Glauben und bestückten die Stadt mit effektvollen Zeichen wiedergewonnener kirchlicher Macht.

Die ersten Kuppeln der Stadt entstanden an der Hauptstraße des Marais, der ***Rue Saint Antoine***. Die Jesuiten, der Kampforden der Gegenreformation, errichteten ***Saint-Paul-Saint-Louis***, eine Kirche, die im 17. Jahrhundert äußerst beliebt war, denn hier waren die renommiertesten Prediger tätig, hier wirkten Beichtväter, die auch den König bedienten, unter ihnen der Père La Chaise, Namensgeber des berühmtesten Friedhofs der Stadt. Gleichzeitig wuchs ganz in der Nähe die kreisrunde ***Eglise de la Visitation Sainte Marie*** empor, inzwischen ein protestantischer '***Temple***', ein Meisterwerk von François Mansart.

Bald erhoben sich in den Pariser Himmel außerdem die Kuppeln der ***Sorbonne***-Kapelle und der Kirche ***Val de Grâce***, für deren üppig mit über 200 Figuren ausgemalte Innenhaut sich die Zeitgenossen begeisterten. Dagegen zögerten sie nicht, sich über ein mißratenes Kuppel-Exemplar wie jenes von ***Notre Dame de l'Assomption*** in der ***Rue Saint Honoré*** lustig zu machen, das wasserkopfartig auf mickrigem Unterbau hockt: „Als törichte Kuppel" (***sot dôme***) wurde das Ding vom Volksmund geschmäht. Es hatte sich eben angesichts der Kuppelvielfalt im 17. Jahrhundert eine gewisse Kennerschaft herausgebildet.

Institut de France am Quai de Conti

Entrer sous la coupole, unter die Kuppel treten, ist ein stehender Ausdruck in Frankreich und bedeutet, in die ***Académie Française*** gewählt zu werden, aufgenommen zu werden unter die Kuppel des ***Institut de France*** am ***Quai de Conti.*** Auch sie, die sprichwörtlich gewordene, geht auf das ***Grand Siècle*** zurück und krönte zunächst eine Kapelle. Gebaut wurde das spätere ***Institut*** auf Geheiß des regierenden Ministers Mazarin als ***Collège des Quatres Nations***. Die vier Nationen, das waren die damals frisch annektierten Provinzen Flandern, Artois, Elsaß und Roussillon, deren hoffnungsvoller Nachwuchs hier erzogen, das heißt französisiert werden sollte.

Die ***Académie française*** ist die älteste von fünf Akademien, die im ***Institut de France*** zusammengefaßt sind. Richelieu hatte sie 1635 mit dem Auftrag gegründet, der französischen Sprache „sichere Regeln zu verschaffen, sie zu reinigen, geschmeidig und darüber hinaus fähig zu machen, den Künsten und Wissenschaften zu dienen". Im Königreich wurden viele verschiedene Dialekte gesprochen. Der konsolidierte Zentralstaat sollte sprachlich homogen werden, dazu sollten die Akademie-Mitglieder „DAS" Wörterbuch der französischen Sprache erarbeiten.

Daran sitzen sie noch immer, die vierzig auf Lebenszeit gewählten ***académiciens***. Derzeit ist man bei der neunten Ausgabe, die 1935 begonnen wurde. Vor dem Jahr 2001 will man tatsächlich beim Buchstaben Z ankommen.

Viel Spott wurde immer schon ausgegossen über die ***Académie***. Sich über sie lustig zu machen sei die einzig sinnvolle Art, über sie zu sprechen, meinte Gustave Flaubert, und Heinrich Heine berichtete süffisant, er habe in Paris das Leichenschauhaus gesehen sowie die ***Académie française***, wo ebenfalls die leblosen Körper einer größeren Zahl Unbekannter ausgestellt würden.

1980 fand mit der Schriftstellerin Marguerite Yourcenar zum ersten Mal eine Frau Einlaß unter die ***Coupole*** – eine Sensation! Denn die erlauchte Versammlung gilt in ihrer Gesamttendenz als arg konservativ. Nun scheint auch diese Festung zu zerbröckeln, jetzt sitzen dort schon ZWEI Frauen! Aber die Altherrenriege weiß sich zu wehren. Erst jüngst wiesen die Sprachschützer eine sozialistische Ministerin in ihre Schranken. Die hatte es doch tatsächlich gewagt, sich als ***Madame LA ministre*** anreden zu lassen, statt wie es sich gehört, mit ***Madame LE ministre***. Mit uns nicht!

Die vierzig Besten finden sich nicht nur jeden Donnerstag eine Stunde im Dom der Weisheit zusammen, um ihr Wörterbuch voranzutreiben, sie nehmen auch ihr Wächteramt ernst. Im Bestreben, die Sprache der Sprachen gegen den Hauptfeind, das Englische, zu verteidigen, sucht die ***Académie française*** nach französischen Neuwörtern, um sie an Stelle gebräuchlicher englischer Ausdrücke in den allgemeinen Gebrauch einzuschleusen. Gelegentlich sind ihre Bemühungen sogar erfolgreich: für ***software*** war den Tüftlern ***logiciel*** eingefallen, und das Kunstwort ist nun tatsächlich im Umlauf. Darauf ist man sehr stolz „sous la coupole".

Gebautes Pathos

Vom vergleichweise intimen Bau des ***Institut*** erreichen wir weiter westwärts, aber ebenfalls auf der ***Rive gauche***, eine Kuppel anderen Kalibers: den Invalidendom, der goldglänzend die breite leere Pracht der Esplanade überstrahlt.

Panthéon – Ruhmestempel der Nation

Was man nur aus der Nähe sieht: Zwischen den ornamentalen Rippen des Daches sind Schilde, Schwerter, Streitäxte, Speere und andere kriegerische Trophäen aus vergoldetem Blei befestigt. Merkwürdiger Schmuck für ein Gotteshaus. Aber um die Verkündung der christlichen Botschaft ging es hier nicht in erster Linie. ***Saint Louis des Invalides*** wurde zur nationalen Weihekirche fürs Militär, nachdem Ludwig der Vierzehnte wohl ein Weilchen daran gedacht hatte, sich hier inmitten seiner Soldaten eine Grabstätte schaffen zu lassen. Mit der Errichtung des Kuppeldoms hatte der Sonnenkönig 1676 François Mansarts Großneffen Jules Hardouin-Mansart beauftragt, der wiederum auf Planskizzen seines genialen Großonkels zurückgriff. Die innere Kuppel besteht aus einer unteren flachen Schale mit einer ringförmigen Öffnung, durch sie ist die Freskenmalerei auf der oberen Schale zu sehen, raffiniert beleuchtet aus versteckten Fenstern. Darüber erhebt sich dann das Holzgerüst der äußeren, noch sehr viel höheren Kuppel, deren goldenes Leuchten so einen gewaltigen Eindruck macht. Der Dom wurde dann zwar nicht zu einem königlichen, wohl aber zu einem kaiserlichen Mausoleum: Seit 1840 ruht dort Napoleon Bonaparte in einem Sarkophag aus rotem Porphyr.

François Mitterrand ließ – es war eine seiner ersten kulturellen Entscheidungen als Staatspräsident – die Invaliden-Kuppel frisch vergolden. Es muß ihm sehr wichtig gewesen sein. Seither kündet das nationale Schaustück strahlend von Frankreichs Größe. Aber ach: wie nach seinem Tod herauskam, ließ derselbe Mitterrand in den Gewölben tief unter der Goldhaube von einer eigens für ihn geschaffenen Sondereinheit Telefonschnüffelei betreiben. Rund 2000 Personen wurden von seinem Privatgeheimdienst abgehört, darunter mißliebige Journalisten und politische Gegner, aber auch Parteifreunde und Weggefährten, man kann ja nie wissen. Mit wahrhafter Besessenheit aber ließ der notorische Schürzenjäger schöne Frauen bei ihren Gesprächen belauschen, begehrenswerte Filmstars und sogar seine eigene Mätresse. Da kann die Kuppel leuchten, wie sie will: oben hui, unten pfui.

Eine besondere Vorliebe hatte Mitterrand auch für einen anderen Kuppelbau: das ***Panthéon***. Kurz nach seiner Wahl im Mai 1981 schritt er feierlich und ganz allein in den nationalen Weihetempel, während draußen auf dem Platz Beethovens Ode „An die Freude" erklang. Drinnen legte er Rosen auf den Grabmonumenten großer Vorbilder nieder. Das Fernsehen übertrug den Akt des „einsamen Mannes" live.

Entstanden war das Panthéon nicht als frostig-düstere Totenkammer, sondern als lichtdurchflutete Kirche der ***Sainte Geneviève***, der Schutzpatronin von Paris, im Auftrag des Königs Louis XV. Von 1755 an begann der monumentale Bau emporzuwachsen. Für eine christliche Kirche nahm er ungewöhnliche Formen an: Der Architekt Germain Soufflot orientierte sich an der Schlichtheit und überwältigenden Größe griechischer Tempel – Sakralarchitektur für ein philosophisches Zeitalter. Nicht aus der Legende der heiligen Genoveva, der es doch eigentlich zu huldigen galt, nicht aus den Traditionen des alten christlichen Frankreich holte sich Soufflot seine Inspiration, sondern aus den Prinzipien der Aufklärung, dem Geist der Enzyklopädisten. Seinen besonderen Ehrgeiz legte der Architekt in die mächtige Kuppel über der Mitte der kreuzförmigen Anlage. In den ersten Entwürfen war die Kuppel noch gar nicht so riesig. Aber je länger er daran arbeitete, desto enormer wurde sie. Soufflot mußte die Meßlatte einfach immer höher legen. Hier tobte sich sein Genie aus – beseelt vom Vertrauen in seine Fähigkeiten und vom Glauben an die Möglichkeit der Naturbeherrschung.

Die Kuppel des Panthéon überragt das Quartier Latin

Die Kuppel wirkt, von außen betrachtet, ganz einfach, ist aber hochkompliziert. Sie besteht, ähnlich wie im Invalidendom, aus drei übereinandergelagerten Schalen. Die erste hat eine Kassettendecke und in der Mitte eine runde Öffnung, durch die man das Gemälde auf der zweiten Kuppel sieht: Die Apotheose der heiligen Genoveva. Dann folgt, ohne das Gebälk eines Dachstuhls, eine dritte steinerne Haube. Bis zum Bau des Eiffelturms war das Panthéon die höchste Erhebung von Paris, eine von weither sichtbare Orientierungsmarke, ein Monument, das die Stadt krönte.

Während der Französischen Revolution wurde die Kirche in einen Tempel der „großen Männer", eine Totengedenkstätte für nationale Helden umgewandelt. „Den großen Männern das dankbare Vaterland" steht über dem Eingang. Die Religiosität war übergegangen auf den nationalen Totenkult. Majestätische Düsterkeit war gefragt, kühle Grabkammeratmosphäre mußte her, die Fenster wurden zugemauert. Ein solcher Ort müsse die „Herzen vereisen", forderte ein Zeitgenosse.

Zu den ersten, deren Reste hierher transferiert wurden, gehörten Voltaire und Rousseau. Aber im 19. Jahrhundert wechselte das Bauwerk je nach Regierungsform noch mehrmals seine Bestimmung. Erst 1885 wurde es endgültig zum Panthéon, mit den Beisetzungsfeierlichkeiten für Victor Hugo.

Bei Mitterrand war das quasisakrale Ritual in guten Händen. Seit seinem Freude-schöner-Götterfunken-Antrittsbesuch blieb er dem Panthéon treu und ließ diverse nationale Größen exhumieren, um sie in die Ehrengrabkammer zu überführen. Was mochte den sozialistischen Präsidenten an dieser Stätte so faszinieren? Der ***Spiegel*** nannte es einmal „Mitterrands nekrophile Vorliebe für das Panthéon". Vielleicht hatte er sich ausgemalt, daß eines Tages seine eigenen Überreste feierlich dort hineingetragen werden …

Passagenzauber

„Menschenaquarien“ nannte Louis Aragon die Pariser Passagen. Als ich in den 70er Jahren nach Paris kam, besaßen diese quer durch Häuserblocks führenden, überdachten Durchgänge mit ihren zerborstenen Fliesen und hoffnungslos altmodischen Läden den Charme des Halbvergessenen: schrullige Zwitter zwischen drinnen und draußen, Überbleibsel aus einer verschollenen Zeit; „Denkmäler eines nicht mehr seins“ waren für Walter Benjamin diese Fossilien der Moderne, die Relikte aus den Anfangsjahren unserer Industrie- und Konsumgesellschaft. Gar nicht so leicht, sich auszumalen, welcher Betrieb dort einmal herrschte. Nur ein paar Jahrzehnte dauerte ihre große Zeit, aber damals dominierten sie als konkurrenzlose Stätten des Luxus, der Moden und des Lasters. Unter ihren transparenten Dächern verdichtete sich das Pariser Leben aufs schönste.

Angefangen hatte das alles im ***Palais Royal***, den sich der steinreiche Kardinal Richelieu an der ***Rue Saint Honoré*** hatte bauen lassen. Kurz vor der Französischen Revolution gehörten Palais und Garten dem Herzog von Orléans. Dieser etwas aus der Art geschlagene Vetter von König Ludwig dem Sechzehnten brauchte für seinen ausschweifenden Lebenswandel eine Menge Geld und ließ zwecks Spekulation an den Seiten seines Besitzes Gebäude mit Arkaden und Ladenlokalen errichten. Eigentlich sollten sie ein geschlossenes Geviert bilden, aber für den vierten Flügel, der den Garten vom Palais abtrennen sollte, reichte das Geld nicht. Der Mann hatte keine Skrupel, die fertiggestellten Arkaden mit einem hölzernen Gang abzuschließen, auf dessen beiden Seiten er Boutiquen abteilte und vermietete. Der Erfolg dieser ***Passage***, die man bald ***Galerie de Bois*** nannte, war ebenso durchschlagend wie überraschend.

Im Palais Royal begann die Passagen-Mode

Der König fand das nicht so toll. „Mein Cousin!“ nörgelte er. „Sie machen also einen Laden auf, und wahrscheinlich wird man Sie jetzt nur noch sonntags sehen!“ Das gehörte sich nicht, Krämergesinnung in der königlichen Familie! Dem Cousin war das schnurzegal. Die Holz-Galerie war eine Goldgrube. Von überall her strömte man dort zusammen. Um Geschäfte zu machen, ungestört in den Cafés zu politisieren, Lesekabinette aufzusuchen, aber auch, um sich unter fragwürdiges Volk zu mischen, sich an der „Canaille“ zu reiben. Nachmittags fungierte die Galerie als Börse, nach Einbruch der Dunkelheit wurde sie das Reich der Spieler und Prostituierten.

„Es ist kein sinnliches Bedürfnis, das hier nicht bis zum Ekel befriedigt, keine Tugend, die hier nicht mit Frechheit verspottet, keine Infamie, die hier nicht nach Prinzipien begangen würde“, klagte Heinrich von Kleist. Er, der schon die Pariser Dächer scheußlich fand, mochte auch das Palais Royal nicht. Mit seinen Arkaden und der Galerie war es tatsächlich lange Zeit so etwas wie der Kontakthof der Stadt. „Das Palais bedeutete damals den Tempel des käuflichen Gewerbes schlechthin“, weiß Balzac zu berichten. Daher traf sich abends in den hölzernen Galerien eine so beträchtliche Menge, daß man wie bei einer Prozession oder beim Maskenball im Schritt gehen mußte.

Irgendwann machte sich die provisorische Bauweise der Galerie unangenehm bemerkbar. „Diese Dächer waren überall in so schlechtem Zustand, daß das Haus Orléans in einen Prozeß mit einem berühmten Kaschmirhändler verwickelt wurde, dem eines Nachts ein großer Posten Ware verregnete“, erzählt Balzac.

Dem Haus Orléans stand inzwischen Louis Philippe vor, der künftige Bürgerkönig, noch aber war er ganz Geschäftsmann: 1828 ließ er die ***Galerie de Bois*** demolieren und ersetzte sie durch die elegante ***Galerie d'Orléans***, die einhellige Begeisterung auslöste. Jeder Pilaster war ein mit Gold verzierter Spiegel, an dem oben in einer Milchglaskugel eine große Gasflamme loderte. Darunter: luxuriöse Ladenlokale. „Was aber allemal den Glanz dieser Galerie erst vollendet, ist das hohe schöngewölbte, kunstvoll gebrochene Dach, welches durch und durch aus Glas, von schlanken Eisenstäben getragen, gebildet ist, welches am Tage die Galerie von oben erleuchtet, am Abend aber die Menge des Gaslichtes hundertfältig widerspiegelt und die Nacht zum Tage wandeln hilft", schwärmte auch der deutsche Besucher Carl Gustav Carus.

Auch diesem Orléans brachten Prostitution und Glücksspiel in seinen Gärten reichlich Geld ein. Dann aber kam seine tugendhafte Phase: 1830 wurde er König! Da war dergleichen auf einmal nicht mehr schicklich. Die „Chose" wurde verboten, und auch die fünfzig Glücksspiel-Salons auf seinem Anwesen machte er dicht. Für das ***Palais Royal*** war dies der Todesstoß. Die Laster wanderten ab und mit ihnen das Publikum. Wohin? In andere überdachte Passagen, die inzwischen entstanden waren.

Heute ist der Garten des Palais Royal ein friedlicher grüner Ruhepol in der Steinwüste, nur vereinzelt hallen Schritte unter den in Würde vor sich hin dämmernden Arkaden. Kein Hinweis mehr darauf, daß dies einmal das vibrierende Zentrum der Seine-Metropole war. Der enorme Erfolg der ***Galerie de Bois*** stachelte den Unternehmergeist wohlhabender Bürger an. Die stürzten sich damals noch als Einzelkämpfer ins Geschäftsleben. Passagen wurden zu bevorzugten privaten Spekulationsobjekten, es ging dabei nicht um Stadtplanung, sondern um Gewinn. Ein Ingenieur namens Fulton ließ die ***Passage des Panoramas*** bauen. Die Metzger Véro und Dodat gaben die ***Galerie Véro-Dodat*** in Auftrag. Der Notar Marchoux steckte sein Geld in die ***Galerie Vivienne*** und ließ sie gleich mit Lorbeerkränzen, Weizenbündeln, Füllhörnern und anderen Stuck-Symbolen des Erfolgs und Überflusses schmücken. Ein Monsieur Adam schuf die nicht minder prächtige ***Galerie Colbert***. Der Bankier Mallet finanzierte die ***Passage Choiseul*** und ein Geschäftsmann namens Mirès die ***Passage des Princes***. Allein während der Restauration und der Julimonarchie wurden rund fünfzig in Paris eröffnet und mit ihnen eine neue Art, die Stadt zu erleben. „Paris, die Stadt der Geselligkeit und als solche von dichtgedrängter Bauart, bahnte sich Verbindungswege mitten durch Hausmassen und Höfe, deckte sie mit Glas, häufte Waren und Läden und alle Lebensgenüsse darin auf, erhellte sie zauberisch, und jede dieser Galerien ward ein Ganzes, eine Welt", jubelte der deutsche Schriftsteller Victor Hehn.

Die Passage Vivienne gilt als eine der schönsten

Mit den glasgedeckten Verbindungswegen wurde ein Reich für Fußgänger geschaffen, die gefahrlos und komfortabel die Warenauslagen betrachten konnten. Weder wurden sie von vorbeifahrenden Wagen mit Dreck bespritzt noch von der Witterung behelligt.

Die neuen Zauberwelten waren der Verwendung neuer Materialien und Konstruktionsweisen zu verdanken, der Kombination von Gußeisen und Glas. Dazu kam das künstliche Licht für die Abendstunden. Die Gasbeleuchtung wurde 1811 in Paris zum ersten Mal in der ***Passage des Panoramas*** angewandt. Bis dahin gab es nur Kerzen und Petroleumlampen, nun aber diese strahlende Helligkeit! So zogen die erleuchteten Galerien in der Nacht die Pariser an wie das Licht die Mücken. „Ein Labyrinth von buntglitzernden Gängen, wie lauter Regenbogenbrücken, in einem Ozean von Licht. Völlige Märchenwelt. Was die Phantasie sich nur erdenken oder vielmehr nicht erdenken kann", notierte 1854 überwältigt eine Emma von Niendorf.

Jede der Passagen war unter ihrem Glashimmel eine kleine Stadt in der Stadt. Hier spielte sich die städtische Komödie ab, hier saßen Dandies vorm Absinthglas im Café und ließen Aristokraten, Bürger, Huren, Spieler, Ladenschwengel, Grisetten, Taschendiebe, Gaffer, Habenichtse, Träumer, Bettler und Schnorrer vorbeiziehen.

Hier gab es erstmals allgemein zugänglich präsentierte Luxusartikel, hier wurden die Wonnen des „Shopping" entdeckt. Der Flaneur, eine Pariser Erscheinung des 19. Jahrhunderts, erkor die Passagen zu seinem Reich. Flanieren bedeutet: sich gelassen und genußvoll durch die Großstadtmenge bewegen. Und nirgendwo sonst war diese Menge so dicht, wurde dem Incognito-Beobachter so viel geboten, kein anderer Ort eignete sich so sehr für diese von Baudelaire gepriesene „heilige Unzucht der Seele".

Eng mit den Passagen verbunden waren Amüsement und kulturelles Leben. Jacques Offenbachs Theater ***Bouffes Parisiens*** war quasi an die ***Passage Choiseul*** angebaut. Sie diente dem Premierenpublikum von ***Orpheus in der Unterwelt*** und ***Die schöne Helena*** als Pausenfoyer. Eine ähnliche Symbiose bestand zwischen dem ***Théâtre des Variétés*** und der ***Passage des Panoramas***. Noch heute befindet sich der Künstlereingang dieser inzwischen von Jean-Paul Belmondo geleiteten Bühne in einer der Galerien dieser verzweigten Passage. Die hatte ihren Namen von den Panoramen bekommen, die hier zu Napoleons Zeiten eröffnet wurden: Runde Säle, in denen dem Publikum gemalte Stadtansichten oder kriegerische Szenen auf riesigen Leinwänden präsentiert wurden – Vorformen des Kinos gewissermaßen.

Zwischenmahlzeit in der Passage des Panoramas?

Auch die Welt der Bücher hatte ihre Heimstatt unter den Dächern der Passagen. Meist waren die Buchhändler zugleich Verleger, und oft beherbergte so ein überdachter Flanier-Korso auch noch Lesekabinette und Druckereien. Ein Großteil der Literatur fand also hier statt, zumal die Mitglieder der schreibenden Zunft die benachbarten Lokale frequentierten. Ein paar Spuren davon sind geblieben, ein paar angestaubte Antiquariate. In der ***Galerie Vivienne*** gibt es sogar noch eine Buchhandlung aus den Anfangsjahren, und in der ***Passage des Panoramas*** arbeitet weiterhin in seit 1834 unverändertem Dekor die Firma ***Stern***, wo sich schon Lenin und de Gaulle ihre Einladungs- und Visitenkarten drucken ließen.

Während des Zweiten Kaiserreichs ließ dann allerdings die Attraktion der Passagen merklich nach. Ihr Niedergang war abrupt: Strahlten sie Mitte des Jahrhunderts in voller Pracht, so waren sie an seinem Ende vergessen und verschmäht. Die Pariser hatten ihnen ihre Gunst entzogen – ein wankelmütiges Volk!

Die neuen Boulevards des Baron Haussmann, der die Stadt gründlich umkrempelte, liefen den Passagen den Rang ab. Napoleon III hatte aus seinem Londoner Exil einige Ideen von Großstadt-Hygiene mitgebracht: mehr Luft, mehr Licht, mehr Platz! Bäume und Grünanlagen! Neue breite Avenuen mit Trottoirs wurden angelegt, dazu die ***Squares*** und einige größere Parks. Das Dekor der Stadt änderte sich in sehr kurzer Zeit. Die Passagen erschienen plötzlich als enge, muffige Höhlen ohne frische Luft, Ärzte empfahlen jetzt, sie zu meiden. Wesentlich für ihren Erfolg war die Einführung der Gasbeleuchtung gewesen. Denn damals war es auf den Straßen dunkel, in den Passagen hingegen hell. Aber nun, während des Zweiten Kaiserreichs, wurde ganz Paris erleuchtet: Straßenlaternen überall! Von den 70er Jahren an ersetzte man das Gaslicht durch elektrische Beleuchtung.

Die Passagen konnten da nicht mitziehen. Ihren Besitzern fehlte das nötige Geld, es blieb noch lange bei den Gasfunzeln. Was einst so strahlend hell wirkte, erschien jetzt als trübes Dämmerlicht. Außerdem roch es dort unschön nach Gas. Und die Investitionen fanden inzwischen auf einer anderen Ebene statt. Anstelle knorriger Einzelspekulanten waren es jetzt Banken und Finanzimperien, die sich in städtebauliche Projekte stürzten. Den veränderten Größenordnungen entsprach das Aufkommen der Kaufhäuser. Wie in den Passagen war hier ebenfalls alles unter einem Dach, aber alles war nun auch in einer Hand! Während die neuen Kaufpaläste Konsumenten und Gaffer anzogen, gammelten die Passagen vor sich hin oder wurden abgerissen.

In seinem Roman ***Thérèse Raquin*** beschreibt Emile Zola die tristen Verhältnisse in der heruntergekommenen ***Passage du Pont-Neuf***: „Wenn an schönen Sommertagen drückende Sonnenhitze auf die Straßen niederbrennt, fällt eine weißliche Helle durch die dreckigen Glasscheiben und schleppt sich elend die Passage entlang. An garstigen Wintertagen, an nebligen Morgen werfen die Scheiben nur Dunkelheit auf die glitschigen Fliesen, eine schmierige, gemeine Dunkelheit. Zur Linken höhlen sich obskure, niedrige, baufällige Läden und dünsten kalten Kellerhauch aus. Dort hausen Buchtrödler, Spielzeugverkäufer, Schachtelmacher, deren staubgraue Auslagen verschwommen im Dunkel dämmern".

Gerade der Reiz des Halbvergessenen lockte dann später die Dadaisten. Vom modischen Montparnasse verlegten sie ihre Versammlungen in ein Café der heute verschwundenen ***Passage de l'Opéra***. Besonders Louis Aragon sang Loblieder auf die aus der Zeit gefallenen Welten unterm Glasdach: „Zwar ist ihr ursprüngliches Leben aus ihnen schon gewichen, doch verdienen sie es immerhin, als Asyle für mehrere moderne Mythen betrachtet zu werden; denn erst heute, da die Spitzhacke sie bedroht, sind sie faktisch geweihte Stätten eines Kults der Vergänglichkeit geworden, gespenstische Kulissen für verruchte Vergnügen und Gewerbe, die gestern ganz undenkbar waren und von denen schon morgen keiner mehr weiß."

Die Passage Brady ist heute ein Zentrum der Inder

Nach dem 2. Weltkrieg setzte sich der Verfall fort. Was einmal Symbol für Luxus und Modernität war, beherbergte bloß noch Ramschläden. Dächer wurden undicht und stürzten ein. Einige Passagen dienten als Garagen, andere wurden zugemauert. Nur durch ihre Einbindung ins Textilgewerbe des umliegenden Sentier-Viertels überlebte die ***Passage du Caire***: Hier werden Kleiderbügel, Schaufensterpuppen und sonstiges Zubehör verkauft. Die verrottete ***Passage Brady*** mit leckendem Dach wurde von Indern und Pakistanis übernommen; sie beherbergt billige Tandoori-Küchen, Läden für Orientbedarf und Tamilen-Friseure.

Gegen Mitte der 70er Jahre erwachte ein neues Interesse, zumindest für einige der verblühten Prinzessinnen. Die Modebranche erwärmte sich für den Charme der ***Galerie Vivienne*** trotz ihres miesen Zustands: 1961 war die Kuppel zusammengebrochen, die Mauern starrten vor Dreck. Aber die benachbarte Place des Victoires war zum Nabel der Modewelt geworden, und so machten sich Couturiers und Créateure wie Jean-Paul Gaultier oder Yoki Tori daran, das schmuddelige Dornröschen wachzuküssen. Jetzt strahlt die Galerie wie ein postmodernes Schmuckstück. Nostalgie hat Marktwert im Paris der gehobenen Einkommensschichten. Nach und nach wurden auch einige ihrer Schwestern wieder aufgeputzt und durften eine neue Karriere beginnen, darunter die ***Galerie Colbert***, die ***Passage du Grand Cerf*** oder die ***Passage des Princes***, die 1994 rundumerneuert wurde. Allerdings ein bißchen zu sehr. Gesäubert von aller Patina wirkt sie brandneu und steril.

Mit Säbelhieben zerhackt

„Ich will ein zweiter Augustus sein, denn Augustus hat Rom zu einer Stadt aus Marmor gemacht", schrieb Louis Bonaparte schon 1842, als er noch gar nichts zu sagen hatte. 1850, als gewählter Präsident, erklärte er: „Setzen wir alle unsere Kräfte ein, diese große Stadt zu verschönern, das Los ihrer Bewohner zu verbessern. Möge das wohltätige Sonnenlicht überall in unsere Mauern eindringen." Aber erst, nachdem er sich per Putsch zum Kaiser aufgeschwungen hatte, legte er wirklich los. Als Napoleon III ging er daran, die ideale Stadt des 19. Jahrhunderts zu realisieren. Eine Sanierung der Hauptstadt drängte sich auf: viele der alten, verwinkelten Viertel waren verslumte Krankheitsbrutstätten. Das „wohltätige Sonnenlicht" kam dort nicht hin. Zigtausende von Menschen waren gerade einer Cholera-Epidemie zum Opfer gefallen. Auch machte die Ankunft der Eisenbahn in der Stadt neue Verkehrsschneisen erforderlich, und schließlich war da auch der kaiserliche Wille zur neuen Prächtigkeit... So wurde denn saniert und verschönert wie nie zuvor und nie mehr danach.

In Eugène Haussmann fand Louis Napoleon den passenden Macher. Der Präfekt stand auf Nutzen und Effizienz – ein Funktionär ohne sentimentale Anwandlungen. Wie er später in seinen Memoiren schrieb, genoß er es, „die beengten, schäbigen und ungesunden Häuser abzureißen, die überwiegend Nistplätze von Not und Elend waren – eine wahre Schande für ein großartiges Land wie Frankreich".

Es ging aber nicht nur um die Zerstörung von Krankheitsherden, sondern auch von Herden des Aufruhrs, und die neuen breiten Boulevards sollten nicht nur Luft und Licht zirkulieren lassen, sondern auch die Truppen – und ihnen ein weites Schußfeld bieten. Das Volk von Paris war gefährlich. Drei Revolutionen in so kurzer Zeit! Das mußte ein Ende haben.

Der Pont Alexandre III zum Dôme des Invalides

„Einschnitte überall, Paris mit Säbelhieben zerhackt!" vermerkte Emile Zola. Rücksichtslos wurde demoliert, was sich dem Diktat des Lineals entgegenstellte. Gerade Fluchten mit lükkenlos geschlossenen Fassaden entstanden. „Ach ist das schön! Von Pantin kann man bis nach Grenelle sehen!" ironisierte Victor Hugo.

In nur zwei Jahrzehnten wurden 25.000 Häuser abgerissen, 70.000 neu gebaut, dazu Kirchen, Kasernen, Märkte, Rathäuser, Bahnhöfe, Seine-Brücken, Krankenhäuser, Plätze, Parks, 90 Kilometer Boulevards, 500 Kilometer Kanalisation, 15.000 Straßenlaternen. Das neue Paris bekam ein durchgängiges Design vom Balkongitter bis zur Parkbank verpaßt. Während dieses Haussmannschen Gewaltakts entstand also das, was wir für so typisch pariserisch halten. Musterbeispiele sind die ***Avenue de l'Opéra*** oder die ***Boulevards Malesherbes*** und ***Magenta***. Während damals viele Zeitgenossen die erzwungene Einheitlichkeit schmähten, wirken heute diese geschlossenen und in ihrer Höhe begrenzten Straßenzüge attraktiv und würdig. Was ist Haussmanns imperialer Zugriff gegen die baulichen Zumutungen aus jüngster Zeit!

In dieser Ära wird ein Modell vorgegeben, das für lange Zeit das Aussehen des Pariser Stadthauses bestimmte. Ein Erlaß von 1784 fixierte bereits die Fassadenhöhe und machte sie abhängig von der Straßenbreite. Schon vor Haussmann hatte sich ein Häusertyp mit vier normalen und einer zurückversetzten fünften Etage entwickelt. Die kaiserliche Verordnung von 1859 nahm sich dann ausdrücklich den Bereich oberhalb der Gesimslinie vor. Zur Straße hin durfte die Höhe des Dachstuhls die halbe Gebäudetiefe nicht überschreiten.

Nur an den Seinequais, den breiten Boulevards und Plätzen wurde ein größeres Dachvolumen gestattet. Neben dem inzwischen allgemein üblichen Mansardendach sieht man hier auch das gerundete Dach ***à l'impériale***, wofür die aus der Zeit des Ersten Napoleons stammende Rue de Rivoli das Modell abgab. Genauestens festgelegt waren im Reglement auch Größe, Platz, Anordnung und Form der Dachfenster, Dachtraufen, Regenrinnen, Kamine und Kaminrohre. Die Dächer trugen damit entscheidend zur Vereinheitlichung der urbanen Landschaft bei: eine Ästhetik aus der Vorschrift geboren.

Allerdings wurde ansonsten auf die Gestaltung des Dachbereichs beim Haussmannschen Standard-Haus keine besondere Sorgfalt verwandt: Zierelemente gibt es bloß an der Fassade, oben drüber geht es funktional zu. Eine nüchterne Sinfonie in Grau wird da gespielt. Der steile Bereich des Mansardendaches, den man von der Straße aus sieht, ist in vielen Fällen mit Schiefer – dem edleren Material – gedeckt, für den oberen Teil tut's billiger Zink. Kleine Farbtupfer liefern die rötlich-gelben Terracotta-Röhren, die grüppchenweise aus den Kaminblöcken ragen – nie höher als sechzig Zentimeter, so wollte es die Verordnung.

Zink, das rostresistente Lieblingsmaterial für Pariser Dächer, setzte sich ab 1840 durch, verdrängte das schwere Blei für die Regentraufen, verringerte Aufwand wie Kosten beim Dachdecken und ersetzte die traditionellen Ziegel wie dann nach und nach auch den Schiefer. Widerstandsfähig, leicht formbar, preisgünstig: was will man mehr? Und zudem trägt dieses Material durch die gleichförmige Rippenstruktur – jene vom scharfäugigen Franz Kafka bemerkten dünnen Leisten auf den Dächern – aufs schönste zum graphischen Gesamteindruck der Stadt bei; Kafka nannte es „das gestrichelte Paris".

Nichts durfte überstehen, niemand aus der Reihe tanzen. Das Auge sollte ungehindert die Häuserfronten entlang auf den Perspektivpunkt der Straße hin gleiten können. „Ein künstlerisches Ideal, wie es sich ein Bürovorsteher in seinen wildesten Träumen ausmalen könnte", spottete ein zeitgenössischer Publizist über Haussmanns reglementierte Stadt.

Dächer an der Rue de Rivoli

Ein monumentales Element als perspektivischer Abschluß der schnurgeraden Avenuen und Boulevards: das mußte sein, der Baron hatte einfach eine Schwäche für solche theatralischen Effekte. Und mit Verbissenheit setzte er seinen Spleen durch.

Der neue ***Boulevard Sébastopol*** lief nach Norden hin auf die mächtige Fassade des Ostbahnhofs zu, sehr gut! Aber nach Süden hin? Da war nichts. Es sei denn, man machte etwas aus dem Handelsgericht, das neben dem Justizpalast auf der ***Ile de la Cité*** gebaut wurde! Indem man ihm zum Beispiel eine stattliche, ansonsten völlig unmotivierte Kuppel aufpflanzte, die dann von der ***Gare de l'Est*** her sichtbar sein würde. Voilà!

Für den neuen ***Boulevard Henri IV*** hatte der große Stadterneuerer als nördlichen Endpunkt die Julisäule auf dem Bastilleplatz erkoren, von dort aus sollte der Boulevard aufs linke Ufer führen. Würde er aber parallel zu den übrigen Brücken die Seine überqueren, liefe er ins Leere. Horror vacui! Also beschloß Haussmann, den Boulevard schräg über den Fluß zu bauen, und zwar in einem solchen Winkel, daß der trügerische Eindruck zustande kam, er hätte als Endpunkt die Panthéonkuppel. Wofür die Ostspitze der ***Ile Saint Louis*** gekappt und das ehrwürdige ***Hôtel Bretonvilliers*** samt Garten geopfert werden mußte. Dem Kaiser, der seinem Präfekten sonst weitgehend freie Hand ließ, ging das nun doch etwas zu weit. Es könne ja wohl nicht angehen, raunzte er ihn an, daß primär die Sorge um den Blickpunkt die Richtung einer Straße bestimme. In London, dem großen Vorbild in Fragen der Stadtplanung, gehe es bei der Straßenführung nur darum, bestmöglich den Verkehrsanforderungen zu genügen. Worauf Haussmann antwortete: „Sire, die Pariser sind keine Engländer. Sie brauchen etwas mehr!"

Und das bekamen sie: etwas mehr Spektakel und gleich auch etwas mehr für ihr Seelenheil. Denn es wurden ihnen nun reichlich neue Kirchen hingestellt. Einbindung in die Religion war ein gutes Mittel gegen gefährliche revolutionäre Keime im Volkskörper. Außerdem dienten die neuen Kirchenbauten dem Baron als perspektivische Landmarken. Zum Beispiel Victor Baltards Kuppelkirche ***Saint Augustin***: sie sollte als Fluchtpunkt des ***Boulevard Malesherbes*** von der Madeleine aus zu sehen sein, ebenso vom ***Arc de Triomphe*** aus über den Boulevard Friedland. Dazu mußte die Kuppel sechzig Meter hoch aufragen, was dieser Kirche ein disproportioniertes Aussehen verlieh.

Den Schönheitssinn des Präfekten störte nicht nur das Durcheinander der mittelalterlich geprägten Innenstadt, sondern auch der Plebs, der sie bewohnte. Dieses Pack sollte verschwinden, zusammen mit der schmutzigen Industrie! Paris und das wohltätige Sonnenlicht den Bürgern und ihren sauberen Geschäften! Ihnen waren die Häuser an den neuen Boulevards und Avenuen zugedacht, nicht dem Pöbel. Bis dahin war die Stadt noch nicht merklich sozial segmentiert. Angehörige verschiedener Schichten lebten oft im selben Haus, freilich auf verschiedenen Etagen: Handwerker und Ladenbesitzer im Erdgeschoß, Adel oder reiche Bürger in der ersten, der ***bel etage***, die kleinen Leute in den obersten Stockwerken und, falls es bewohnbar war, unterm Dach. Damit war jetzt Schluß.

Mansardenkammern fürs Personal

Die Armen von Alt-Paris wurden nach Norden und Osten verdrängt, ins 18., 19., 20. Arrondissement, auf das Gebiet der 1860 frisch annektierten Randgemeinden, wo dann wieder die gleichen Slums entstanden, die im Zentrum beseitigt worden waren. Für den zornigen Karl Marx war dies „das wirkliche Paris der 'schoflen Menge'", das andere, das neue aber „ein Phantasie-Paris, das Paris der Francfileurs, das Paris der Boulevards, männlich wie weiblich, das reiche, das kapitalistische, das vergoldete, das faulenzende".

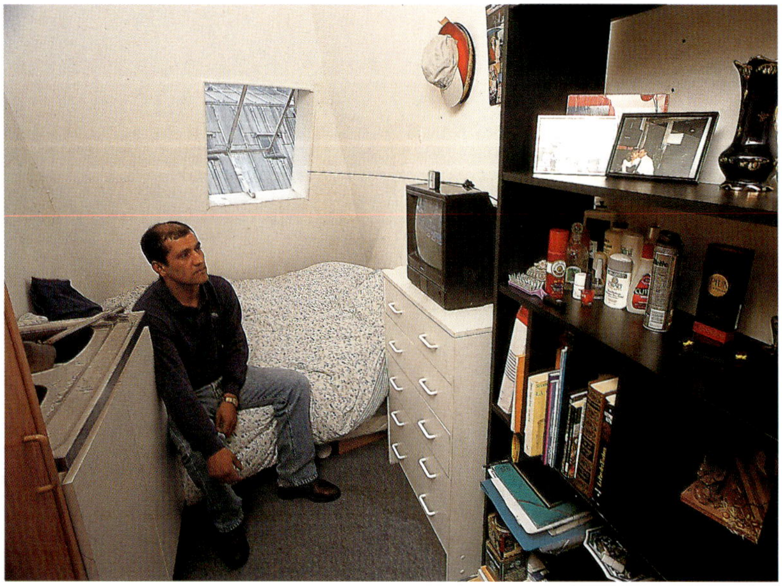

„Chambre de bonne" (Mansardenkammer) im Pariser Westen

Das reiche, vergoldete Phantasie-Paris, es hat sich seit Haussmann kontinuierlich ausgebreitet. Immer weiter vorangeschritten ist der Prozeß der Segregation, bis auf ein paar letzte Ecken wie Belleville oder Barbès ist die Hauptstadt sozialsaniert.

Ein „proletarisches" Element blieb allerdings im verbürgerlichten Paris zurück, die Bourgeoisie brauchte schließlich Dienstpersonal. Die Bauverordnung von 1859 begünstigte die Einrichtung von Dachkammeretagen für Domestiken, indem sie für die Gebäude an den neuen Boulevards höhere Dächer erlaubte. Die meisten dieser Mansardenunterkünfte wurden in den neuen vornehmen Stadtteilen des Westens eingerichtet. Bis dahin waren „les bonnes", die Dienstmädchen, ein Teil der Familie, schliefen in der Wohnung der Herrschaft und aßen am selben Tisch. Nun wurden sie in den Dachstuhl verbannt, sie bekamen ihren eigenen Aufgang. So entstanden im selben Haus zwei voneinander abgegrenzte Welten, zwischen denen es fast keine Berührung gab, mit Ausnahme der Türen, die vom Dienstbotenaufgang direkt in die Küchen führten. Die Apartheid verfestigte sich in der Architektur, die Hausangestelltenetage wurde zu einem sozialen Mikrokosmos.

In einer solchen ***Chambre de bonne*** wohnt heute die marokkanische Studentin Naima. Sieben Quadratmeter groß ist ihre kleine Welt. Von Wohnung zu sprechen wäre übertrieben, eher ist es eine Art Etui. Tisch, Stuhl, Bett: „Voilà, mein Reich!" lacht sie verlegen. Ehemalige Dienstmädchenzimmer unterm Dach sind die billigsten privaten Unterkunftsmöglichkeiten in Paris. Für Vermieter stellen sie eine Goldgrube dar: Hier lassen sich pro Quadratmeter die höchsten Einnahmen erzielen. Was dafür geboten wird, ist dürftig, der Komfort beschränkt sich auf ein kleines Waschbecken und manchmal ein elektrisches Heizgerät.

Ungern denkt Naima an den Besuch ihrer Mutter aus Marokko zurück. Zunächst war die Mama sehr angetan, als sie das herrschaftliche Haus sah, in dem die Tochter logierte. Aber dann ging es nicht in den noblen Haupteingang mit den breiten, teppichbedeckten Marmorstufen, sondern in einen Dienstbotenaufgang mit schmaler hölzerner Wendeltreppe. Die Begeisterung schrumpfte nach jeder Etage. Und ganz oben diese mickrige Kammer, was für eine Enttäuschung! Und dabei hatte Naima so lange suchen müssen, bevor sie diese vergleichsweise akzeptable Behausung im 7. Arrondissement fand. Wer in der Lichterstadt wenig Geld hat und dazu krauses Haar, lernt ihre unerfreulicheren Seiten kennen.

Mit dem Verschwinden der ***bonnes*** wurden die kleinen Mansardenzimmer zu Refugien für arme Schlucker jeder Art: Zuzügler aus der Provinz, Immigranten, Studenten, Hungerkünstler. Romantisch, erotisch, mysteriös muß es da oben zugehen, wenn man literarischen Klischees Glauben schenkt. „In der kalten Dachkammer wurden also die heißesten Träume geträumt und verwirklicht", heißt es schon in Balzacs ***Verlorenen Illusionen***, wo sich ein verschworener Kreis junger Idealisten unterm Dach versammelt. Mit seinen brotlosen Jungdichterjahren in einer Dachkammer des ***Quartier Latin*** kokettierte noch jüngst der New Yorker Erfolgsautor Paul Auster in seiner Hungerkünstlerchronik ***Von der Hand in den Mund***.

Auch das Kino liebt die oberste Etage: Jacques Rivettes ***Paris gehört uns*** suggeriert undurchsichtige konspirative Umtriebe unter den Dächern, Tati läßt seinen schrullig-liebenswürdigen „Onkel" in einer kuriosen Mansarde wohnen und für Filme wie Ernst Lubitschs Dreieckskomödie ***Design for Living*** wurden Pariser Dachbehausungen im Hollywood-Studio nachgebaut.

Enge, separate Dienstbotentreppe

Die Realität war und ist oft weniger bohème-gesättigt und pittoresk. Die da oben hausen, werden abschätzig ***les locataires du sixième*** genannt, die Mieter von der 6. Etage. In klassischen Pariser Häusern geht das wohlanständig-gutbürgerliche Haus bis zum 5.Stock. Was darüber liegt, das sind die „anderen", mit denen man nichts zu tun haben will. Außenseiter, Arbeiter, Ausländer, einsame Alte, manchmal auch junge Paare, die sich provisorisch auf engstem Raum eingerichtet haben, die ihre Stühle nachts an die Wand hängen müssen, wenn sie ihr Lager aufschlagen. Wichtig ist aber für viele, überhaupt erst mal in Paris ein Dach überm Kopf zu haben, auch wenn das hier sehr wörtlich zu nehmen ist: Laut prasseln die Regentropfen auf die schräge Decke, und überhaupt das Wetter! „Unter diesem Zinkdach ist es im Sommer zum Ersticken, dafür im Winter manchmal furchtbar kalt", klagt die Studentin aus Casablanca. Immerhin entsteht durch die schäbigen Verhältnisse ein gewisses Komplizentum im obersten Geschoß: Solidarität der Habenichtse.

Langfristig ist die Zukunft der Pariser Spezialität ***Chambre de bonne*** bedroht. In Neubauten ist die Dachkammer nicht mehr vorgesehen, und die existierenden Dienstmädchenzimmer werden nun gerne zu größeren Wohnungen miteinander verbunden, mit Dusche, Heizung, Teppichboden aufgemöbelt und als hochoriginelle Appartements mit schönem Blick teuer vermietet, vorausgesetzt, ein Fahrstuhl wurde eingebaut.

Vorerst aber gibt es noch mehr als 20.000 bewohnte Dienstmädchenzimmer oberhalb der fünf „anständigen" Etagen.

Im properen, sandstrahlgesäuberten Paris der Neunziger wirkt die Dachbodenbevölkerung wie ein letzter Nachhall jener „gefährlichen Klassen", die Paris einst zu einem Herd von Aufruhr, Revolten und Revolutionen machten und den braven Bürgern wie der Obrigkeit so außerordentlich unsympathisch waren.

An der Place des Vosges baute Henri IV. für seinen Hofadel 36 identische Stadthäuser

Hier sind heute selbst enge Dachgeschosse begehrter Wohnraum

Die einstigen Mansardenkammern der Dienstmädchen haben kaum Komfort, sind aber die billigste private Unterkunft in Paris

Blick vom Campanile
über die Zuckerbäcker-
kuppel von Sacré-Coeur

Erst aus der Vogelperspektive erkennt man die verwirrende Vielfalt der Pariser Dächer: Mansarden, Gauben, Kuppeln, Brandwände, Zinkblech, Kamine

... und zahllose Dachterrassen, Rückzugsparadiese über dem Großstadtlärm

Zinkblech ist das bevorzugte Baumaterial der Pariser Dachdecker

Blick von der gesetzgebenden „Assemblée Nationale" hinüber zur „Madeleine"

1827 würde das Palais Bourbon für die Republik zur Nationalversammlung umgebaut

Eine Lampenbatterie über dem Glasdach sorgt für gleichbleibendes Licht

„Sous la Coupole" treffen sich seit 1805 die „Unsterblichen" der Nation

Vergoldete Spiralen schmücken die Kuppellaterne des Institut de France

Blick vom Montparnasse-Turm über die Rue de Rennes hinüber zum Louvre

Die „Blaue Stunde" verzaubert auch die Dächer von Montmartre

Studentenzeichensaal in der École d'Architecture, Saint-Germain-des-Prés

Spontanes Ständchen über den Dächern der Ile Saint Louis

Modeklasse in der École Supérieure des Beaux-Arts am Quai Malaquais

Seit 1816 befinden sich die Studios und Hörsäle der Kunstakademie in den Räumen eines ehemaligen Klosters

Dachatelier der Designerin Aurélie Tournier an der Place Saint Sulpice

Die Architektengruppe NACO nutzt ein umgebautes Lagerhaus im Marais als Studio

Blick von der Kirche Saint-Sulpice über das Dachlabyrinth von Saint-Germain

Dachgewölbe über der klassizistischen Kolonnadenfassade von Saint-Sulpice

Die Dächer des Hallen-Viertels und das gotische Strebewerk von Saint Eustache

Dachdecker im gewaltigen Eichengebälk über dem Hauptschiff von Saint-Eustache

Blick vom Dachreiter der Marktkirche Saint Eustache über den Pariser Norden

Eine „Jockeymütze ohne Bommel" nannte Victor Hugo die heutige Bourse de Commerce, einst die Kornmarkthalle von Paris

Auf der gotischen Tour Saint Jacques wird die Luftverschmutzung gemessen

Farben sind eine Ausnahme im Grau der Zink- und Schieferdächer

Die Markthalle „Carreau du Temple" ist eine der letzten klassischen Eisenhallen in Paris

Auch die „grünen Männer" von der Stadtreinigung haben hier ihr Bezirksbüro

Die Pariser Tageszeitung „Libération" hat Quartier in einem ehemaligen Parkhaus bezogen

Der Plenarsaal des ZK der KPF, entworfen vom Architekten Oscar Niemeyer, ragt wie eine Glatze aus dem Untergrund der Place du Colonel-Fabien

In der Tanzschule „Danse Marais", einem ehemaligen Adelshaus am Centre Pompidou, vibriert das Tanzparkett auch unterm Dach

Das Centre Pompidou bietet besten Überblick über die Dächer des Beaubourg-Viertels

Über 240 Meter weit und 43 Meter hoch spannt sich die Eisen-Glas-Halle des Grand Palais. Die Netze sollen vor fallenden Bauteilen schützen.

Für die Weltausstellung 1900 gebaut, dient der heute baufällige EXPO-Palast nur noch als Wartesaal für ausgediente Mythengestalten

Schon Victor Hugo inspirierte die Aussicht von Notre Dame

Aussicht vom Grand Palais über das prunkvolle Petit Palais zur Île de la Cité

Die Kleinsten Dächer von Paris: die der Bouquinisten an der Seine

Die bemoosten Dächer des Friedhofs Père Lachaise vermitteln einen Hauch von Ewigkeit

Im Muséum d'Histoire Naturelle eine mit Lichteffekten perfekt inszenierte „Arche Noah"

Im Musée d'Anatomie locken die Dinosaurier

Die Passage Jouffroy – Von den einst 150 Pariser Passagen existieren noch 20

Die elegante Passage Vivienne zieht Weinkenner wie Bücherfreunde an

Die Passage du Caire hat als Einkaufszentrum des Kleiderviertels Sentier überlebt

Sie erhielt ihren Namen nach Napoléons siegreichem Ägyptenfeldzug

Die Galerie Véro-Dodat wurde 1826 von zwei Metzgern als Spekulationsobjekt gebaut

Auch die Passage de Choiseul lädt zum Bummeln und Schmökern ein

Die Glaspyramide des Architekten Pei ist seit 1989 Symbol und Portal des Louvre

Im Carrousel du Louvre überzeugt diese Geometrie auch umgestülpt

Aussicht vom Kaufhaus „Samaritaine": die „Königsachse" bis zur Grande Arche

Neue Üppigkeit

In der Zeit nach Haussmann, während der Dritten Republik, werden die Bauvorschriften schrittweise gelockert. Die Dächer dürfen in die Höhe wachsen, bei der durch die Gesimslinie definierten Fassadenhöhe bleibt aber noch lange alles beim alten. Im dichtbebauten Paris drängt sich die Ausdehnung nach oben auf. 1884 wird zur Festlegung des Dachvolumens ein Kreisdurchmesser definiert, dessen Radius bis zur Hälfte der Straßenbreite betragen kann. Das begünstigt die wulstige Dachform, wie sie schon unter Haussmann ausnahmsweise an der Place Saint Michel entstanden war, weil der Meister hier einen monumentalen Blickfang haben wollte. Jetzt gewinnt das Pariser Stadthaus generell oben etwas hinzu und erreicht häufig sieben Etagen, zwei davon im Dachstuhl.

Noch großzügiger und toleranter, was die Gestaltung der Dächer betrifft, ist dann das Reglement von 1902. Das Dach mißt nun bis zu über einem Drittel der Gesamtkonstruktion, es kann drei, ja sogar vier Niveaus haben, was denn doch bisweilen erdrückend wirkt: Die Dächer entlang dem Boulevard Raspail präsentieren sich als enorme zinkverkleidete Aufwulstungen.

Mit der Jahrhundertwende werden in manchen neuerbauten Stadthäusern die Dienstbotenkammern vom Dach ins Souterrain verlegt, Konsequenz der Einführung des Fahrstuhls in den „besseren" Quartiers. Dadurch kommt es zu einer Aufwertung der oberen Etagen, ja, die Hierarchie der Stockwerke wird geradezu umgestülpt. Da man nun so bequem hinaufgelangt, werden die Wohnungen ganz oben begehrter. Dort sind Licht und Luft besser und die Straßengeräusche gedämpfter, außerdem hat man oft einen weiten Blick, und

Die Bourse de Commerce war einmal Getreidebörse

so entstehen dort Aussichtssalons, Loggien und putzige Turmstübchen, wo in den Wohnhäusern früherer Jahre die Dienstmädchen hausten.

Die neuen Verordnungen betreffen nicht nur das Volumen der Gebäude, sie geben auch der formalen Gestaltung neue Spielräume. Nach dem Ende des Zweiten Kaiserreichs und der Entmachtung des Zuchtmeisters Haussmann werden Stimmen laut, die sich an der verordneten Uniformität stören. Zu langweilig! Zu streng! Zu monoton! Der Haussmann-Architektur wird vorgeworfen, ihre Fassaden seien „zur Parade angetreten wie die Grenadiere Friedrichs des Großen". Haussmann, der Preuße: eine vernichtende Beschimpfung!

Der Kapitalismus ist nun nicht mehr eingezwängt ins Korsett des Second Empire, er tritt in seine liberale Phase, und die Architekten juckt es ohnehin in den Fingern, ihrer Phantasie endlich freien Lauf zu lassen. Bürgerliche Individualität drängt zum Ausdruck, gewünscht werden Ornamente, Erker, Figurinen auf den Fassaden, man möchte sich doch, bitte sehr, vom Nachbarn unterscheiden. Gegen Ende des 19. Jahrhunderts sollen die Häuser als Einzelgrößen mit eigener Persönlichkeit in Erscheinung treten.

Von der neuen Üppigkeit wird auch die Dachzone erfaßt: In vornehmen Gegenden wie dem 16. Arrondissement zwischen Seine und Bois de Boulogne entstehen nun Gebäude mit Bow-Windows, Loggien, Balustraden und Zieraufsätzen aus Zink. Türmchen und Laternen ragen empor, über den spitz zulaufenden Häuserecken erheben sich schiefergedeckte Kuppeln – wie Ausrufezeichen zur Bekräftigung von Wohlstand und Bedeutung. „Der Turm ist nichts anderes als der Bergfried des Bourgeois, der durch gewisse äußere Zeichen die Höhe seines Vermögens und die Solidität seines Kredits unter Beweis stellen will", kommentiert 1896 eine amerikanische Architekturzeitschrift.

Eisen und Glas

Nicht nur die Zauberwelt der Passagen wurden durch Gußeisen und Glas ermöglicht. Durch die neuen Materialien, die mit der Industrialisierung aufkamen, ließen sich große Spannweiten überbrücken, selbst zierliche Metallsäulen waren außerordentlich tragfähig.

Ein frühes Prachtstück der sichtbaren Metallarchitektur ist die einstige Kornmarkthalle und spätere Handelsbörse an der ***Rue du Louvre*** – eine „Jockeymütze ohne Bommel" nannte sie Victor Hugo. Ursprünglich befand sich der Innenhof dieses kreisrunden Marktgebäudes aus dem 18. Jahrhundert unter freiem Himmel, das Holzgebälk des ersten Daches brannte 1802 ab. Ein Umbau überwölbte ihn daraufhin mit einer Kuppel, deren Eisengerippe mit einer dünnen Haut aus Kupfer bedeckt wurde, bis auf einen gläsernen Lichtdurchlaß in der Mitte. Und 1885, als die ***Bourse de Commerce*** das Gebäude übernahm, ersetzte der Architekt Henri Blondel das Kupfer der Kuppel durch Glas. Heute wird dort mit Rohstoffen wie Zucker und Kaffee gehandelt.

Richtungweisend für die neuen Dachkonstruktionen war der legendäre ***Crystal Palace*** von Joseph Paxton, die große Attraktion der ersten Weltausstellung, 1851 in London. Dieser Glaspalast schuf eine ungekannte Poesie, er schien die Grenze zwischen drinnen und draußen aufzuheben. Paxton war von Hause aus Gärtner, sein Vorbild war das Gewächshaus, und dieses, französisch ***la serre***, ist wohl überhaupt die Mutter aller gläsernen Dächer.

Ein großer Pariser Gewächshausbaumeister war Rohault de Fleury, der die ersten bemerkenswerten Exemplare 1834 im Jardin des Plantes baute. Seine Tropenhäuser dienten – und dienen – dem Studium und der Zucht exotischer Pflanzen, waren also der Nützlichkeit verpflichtet. Dem Amüsement gewidmet war hingegen der 1847 konstruierte Wintergarten auf den Champs Elysées, eigentlich auch nichts anderes als ein Gewächshaus, nur daß darin Bälle stattfanden. Wesentlich war der Überraschungseffekt des transparenten Dachs: Die Besucher sollten verzaubert werden. Victor Hugo: „Wenn man dort eintrat, verengten sich die Augen durch die Blendung des hereinströmenden Lichts; durch dieses Licht hindurch ließen sich alle Arten von großartigen Blumen und unbekannten Bäumen unterscheiden … Die schönsten Frauen und hübschesten Mädchen von Paris wirbelten in ihren Ballkleidern in dieser Tageslicht-Illumination umher wie ein angestrahlter Bienenschwarm."

Lesesaal der Bibliothèque Sainte Geneviève

Wie so vieles ist auch dieser Wintergarten leider verschwunden. Nun ja, es waren luftige, zauberische Gebilde, diese Baukörper aus Eisen und Glas, aber sie waren auch provisorisch, nicht von Dauer – und sowieso eine Sache von Ingenieuren, nicht von Architekten. Wer als Architekt die Metallbauweise ernst nehmen und sie nicht kaschieren wollte, bekam Schwierigkeiten mit den Hütern der reinen akademischen Lehre.

Einer, der sich gegen das Diktat der ***Académie des Beaux Arts*** auflehnte, war Henri Labrouste. In ihm verband sich das Talent des Architekten mit dem des Ingenieurs. Er war ein Kämpfertyp, legte sich an, machte sich unbeliebt. Die Akademie schoß zurück und sorgte dafür, daß er zwölf Jahre lang keine Aufträge erhielt. Bis er endlich 1843, mit 42 Jahren, den Bauauftrag für die ***Bibliothèque Sainte Geneviève*** bekam, hatte er sich als Privatlehrer durchschlagen müssen. Erstaunlich, was er da baute, gleich neben dem Panthéon: ein öffentliches

Gebäude, dessen großer Innenraum deutlich durch die sichtbare Metallstruktur geprägt ist: Die Decke ruht auf einer doppelreihigen Bogenkonstruktion, die von dünnen gußeisernen Säulen getragen wird. Allerdings fühlte er sich wohl verpflichtet, den Metallbau durch eine gemauerte Fassade zu maskieren, die sich wieder ans historische Repertoire anlehnte. Der Ingenieur Labrouste baute innen, der Architekt Labrouste außen.

Zu seinem Glanzstück wurde dann der 1869 vollendete Lesesaal der kaiserlichen Bibliothek, der heutigen ***Bibliothèque Nationale*** an der ***Rue de Richelieu***, sicherlich eins der schönsten Werke des 19. Jahrhunderts. Sechzehn zarte Säulen aus Gußeisen, dünn wie Laternenpfähle, tragen sphärische, mit weißer Fayence bedeckte Gewölbe, aus deren verglasten Oberteilen Tageslicht, womöglich gar das Licht der Vernunft, auf die Lesenden unten fällt. Die neun Eisenkuppeln scheinen über den Manuskriptsammlungen und Kupferstichen des ***Salle de lecture*** zu schweben. Ein selten harmonischer und ergreifender Saal, den niemand vergißt, der dort einmal gearbeitet hat und dem viele Benutzer eine Träne nachweinen, die nun in die funkelnagelneue ***Bibliothèque François Mitterrand*** umziehen müssen – ein klotziges, viertürmiges Gebilde, das nach außen den Charme einer Sozialwohnanlage ausstrahlt.

Das Ende der Regenschirme

Nur noch selten steigt Pater Bénéteau aufs Dach von ***Saint Eustache***. Keine Zeit! Zuviel zu tun! Außerdem deprimiert ihn, was er von dort oben sehen würde: das, was an die Stelle der Hallen getreten ist. Eine Katastrophe!

Zu Füßen von Saint Eustache standen einst die „Hallen"

Die Hallen waren das berühmteste Beispiel für die Eisen-Glas-Architektur, über lange Zeit wahrscheinlich die bekanntesten Dächer von Paris. ***Les Halles***, so heißt immer noch die Metro-Station. Als wolle man nicht akzeptieren, daß die Hallen seit 1972 verschwunden sind, Platz gemacht haben dem sogenannten ***Forum des Halles*** und einer kümmerlichen Ziergrün-Anlage. „Das ist ein Nichts! Das ist keine Architektur!" zürnt der Curé. Hier klafft in Gestalt eines trichterförmigen Einkaufszentrums die vielleicht schmerzlichste Wunde der Stadt. Emile Zola hatte die Hallen den „Bauch von Paris" genannt. Aber der Bauch war zugleich mehr, war auch das Herz. Und jetzt ist da eine Leerstelle. Ein Bauchschmerz. Ein Phantomschmerz.

Im Mittelalter hatte sich hier der Markt installiert, und er blieb dort jahrhundertelang. Die unter Napoleon III neugebauten Hallen gelten als Geniestreich des Architekten Victor Baltard. Wenn man freilich Haussmanns Memoiren glaubt, mußte der Genialität ein wenig nachgeholfen werden. Baltard war schon einige Jahre zuvor unter Haussmanns Vorgänger mit dem Bau der Markthallen beauftragt worden. Das erste fertiggestellte Exemplar glich einer steinernen Festung. Louis Bonaparte, inzwischen zum Kaiser gekrönt, war entsetzt und ließ das plumpe Ding prompt wieder abreißen. Seinem Präfekten schärfte er ein: „Was ich will, das sind große Regenschirme, sonst nichts!" Nun war aber Baltard der persönliche Favorit des Barons, beide hatten das ***Lycée Henri IV*** besucht. So galt es, den Freund aufs richtige Gleis zu setzen. „Eisen, Eisen, nichts als Eisen!" schärfte ihm Haussmann ein, bearbeitete ihn bis der Groschen gefallen war. So wurde Victor Baltard zum Avantgardisten wider Willen.

Hundert Jahre lang entfaltete sich unter seinen „Regenschirmen" die sinnliche Opulenz des großen Pariser Zentralmarktes. Die hohen Dächer beschützten bei jeder Witterung die pralle Üppigkeit des nahrhaften Angebots, hier fand das orgiastische Vorspiel des Verzehrakts statt, dieses gerade in Paris so höchst bedeutungsvollen Kultes. Zolas Schilderung eines Tagesanbruchs im Hallenviertel läßt die Faszination ahnen, die von diesen neuartigen Metallkonstruktionen ausging: „Florent sah zu, wie die großen Hallen aus dem Dunkel, aus dem Traum hervortraten, in dem er sie gesehen hatte, und ihre Paläste sich grenzenlos im Tageslicht dehnten. Sie nahmen feste Formen von grünlichem Grau an, wurden noch riesenhafter mit ihrem gewaltigen Mastwerk, das die unendlichen Flächen ihrer Dächer trug. Sie schichteten ihre geometrischen Körper aufeinander, und als alle innere Helligkeit erloschen war und sie viereckig und gleichförmig im aufgehenden Tageslicht badeten, erschienen sie wie eine über alles Maß hinausgehende große moderne Maschine, wie eine Dampfmaschine, ein für die Verdauung eines ganzen Volkes bestimmter Kessel, ein riesiger metallischer Bauch, verbolzt, vernietet, aus Holz, Glas und Eisen zusammengesetzt..."

Hier ging es um die Befriedigung animalischer Gelüste, auch die Huren hatten immer ihren Platz im Hallenviertel. Bei all diesen derbsinnlichen Attraktionen hatte die Kirche einen schweren Stand, aber Saint Eustache hält immerhin seit dem 16. Jahrhundert die Stellung. Sie hat ein unverwechselbares, ein wenig zusammengestoppeltes Äußeres: gotisches Strebewerk, klassizistische Fassadenteile, angefangene und aufgegebene Türme – ein architektonischer Bastard mit Charakter. Hier wurde Colbert beigesetzt, hier fand des Nachts der Trauergottesdienst für Molière statt, und immer war dies die Kirche des Marktes, die

Architekturverbiegungen des „Forum des Halles"

Kirche der Metzger, dieser Männer mit blutigen Schürzen, die Rinder- und Schweinehälften umherwuchteten und zerhackten.

Heute steht die frühere Metzger-Kathedrale ein wenig isoliert im Boutiquenviertel von ***Les Halles***. Allerdings liegt im Untergrund der größte Umsteigebahnhof Europas. „Bahnhöfe ziehen die Armen und Ausgestoßenen an", sagt der Pater. Daher wird versucht, Saint Eustache in die neuen Realitäten einzubinden, mit einer AIDS-Beratungsstelle und einer kostenlosen Suppenküche, wo im Winter Abend für Abend bis zu 200 arme Schlucker Schlange stehen.

Zugleich findet sich in der Kirche das einzige Monument, das an die alten Hallen erinnert, ein von 1969 datiertes Relief des britischen Künstlers Raymond Mason mit dem Titel „Der Auszug von Obst und Gemüse aus dem Herzen von Paris", eine Huldigung an die deftige Sinnlichkeit des Marktes und ein indirekter Ausdruck der Trauer über deren Verschwinden. Das alles hat etwas von trotzigem Widerstand. Gewiß, die Kirche kommt durch das Verschwinden der alten Hallen besser zur Geltung, ist von weither sichtbar, aber sie steht jetzt alleine, im kalten Wind. Feuchtigkeit ist vom Dach her ins Mauerwerk eingedrungen, alles ist durchsetzt und verrottet. Jetzt haben Renovierungsarbeiten begonnen. Aber wegen des begrenzten Kirchenbudgets der Stadt Paris wird sich die Restauration über 30 Jahre hinziehen.

Wie oft wird wohl bis dahin noch die alljährliche Messe der Metzger stattfinden? Längst arbeiten sie alle anderswo, in Rungis oder in anderen Vororten. Aber jedes Jahr im Herbst kommen sie in seltsamer Anhänglichkeit zu ihrem traditionellen Gottesdienst nach ***Saint Eustache***. Ein paar hundert feingemachte Schlachter sitzen dann da in der alten Marktkirche. Letzte Spur einer aus dem Stadtzentrum verschwundenen Lebensweise.

Gewiß, der Großmarkt hatte hier nicht mehr bleiben können. Aber mußten deshalb die großartigen Baltard-Pavillons verschwinden? An Ideen für eine neue Nutzung hat es nicht gemangelt. Aber nichts da! Tabula rasa. „Keine Stadt, außer Bukarest zu Ceauçescus Zeiten, hat einen derartigen Vandalismus von Staats wegen zu erleiden gehabt“, schimpft der Paris-Chronist Philippe Meyer.

Daran war der damals frisch gewählte Oberbürgermeister Jacques Chirac nicht unschuldig. Mit den Worten „Der erste Architekt von Paris, das bin ich!“ wischte er das Projekt seines Intimfeindes Giscard d'Estaing vom Tisch und setzte die Lego-Baukasten-Architektur des ***Forum des Halles*** durch. Und was ist nun drin, in diesem verglasten Krater? Ursprünglich sollte das 'Forum' eine glitzernde Vitrine für all das werden, was nobel und edel ist in Paris: Yves Saint Laurent, Hermès, Chanel und Co sollten hier ihre Filialen konzentrieren. Ein Einkaufszentrum von Weltruf, wo früher ungehobelte Metzger und Fischhändler herumlärmten! Aber die Luxuskunden blieben aus. Denn dies war, wie die ***New York Times*** zutreffend schrieb, ganz einfach ein „Nicht-Ort“. Dafür kamen bald Clochards, Bettler, Dealer und Junkies. Das hatte man nicht bestellt! Nun wurden Tag-und-Nacht-Patrouillen eingeführt, Überwachungskameras installiert. Und das Konsumangebot wurde umorientiert auf Billigklamotten und Fastfood, ein Niveau, das der wirklichen Kundschaft entspricht, die aus der unterirdischen Bahnstation quillt. Statt zur Luxusadresse entwickelte sich das 'Forum' zum Treffpunkt der Vorstadtjugend.

Einige andere Pariser Markthallen konnten immerhin gerettet werden, unter ihnen der ***Carreau du Temple*** unweit der ***Place de la République***, ein etwas schläfriger Kleidermarkt, auf dessen Terrain schon zur Revolutionszeit mit Textilien gehandelt wurde. 1973

Kleidermarkt in der alten Markthalle „Carreau du Temple“

wollte die Stadtverwaltung auch ihn demolieren. Aber Händler wie Bewohner des Viertels protestierten nachhaltig. Mit Ach und Krach konnte der ***Carreau*** gerettet werden.

Tempel des Fortschritts

Die größten Dächer der Stadt sind nicht die der Markthallen und auch nicht die der Gotteshäuser. Wenn Blaise Cendrars von den „schönsten Kirchen der Welt“ spricht und Théophile Gautier von den „Kathedralen der neuen Menschheit“, in denen sich „die Religion des Jahrhunderts manifestiert“, meinen sie die Bahnhöfe. 1842, unterm Bürgerkönig Louis Philippe, wurde Paris per Gesetz zum Zentrum aller Eisenbahnlinien gemacht, oder, in den Worten von Gautier, zum „Kernpunkt gigantischer Sterne aus eisernen Strahlen, die sich bis ans Ende der Welt fortsetzen“.

Dafür waren neuartige, nie dagewesene Bauten vonnöten. Die Gleishallen wurden riesig, nicht nur, weil Rauch und Dampf der Lokomotiven ein hohes Dach verlangten, sondern die Architekten hatten den Ehrgeiz, die gläsernen Kirchenschiffe der Industrie-Religion so hoch wie möglich anzulegen, als triumphale Geste. Der Bahnhof war, wie ein zeitgenössischer Architekt schrieb, „der höchste monumentale und künstlerische Ausdruck des industriellen und kommerziellen Genius“.

Es ist ein Zeichen für die große Begeisterung, daß die Maler der Moderne so häufig Bahnhöfe als Motiv wählten. Monet war besonders von ***Saint Lazare*** fasziniert. Der besaß die erste wirklich große Bahnsteighalle, nicht rund gewölbt, wie so oft in England und Deutschland, sondern mit eckigem Giebel, wie ihn der Ingenieur Polonceau entwickelt hatte und wie er für Frankreich typisch werden sollte. Die ***Gare Saint Lazare***, die Walter Benjamin später „eine rüstige, schmutzige Häuptlingsfrau, eine schallende, fauchende Fürstin aus Eisen und Rauch" nannte, ging durch die Impressionisten in die Kunstgeschichte ein. Für die Ausschmückung dieser Fortschrittstempel wurden allerdings nicht die Künstler der Moderne beschäftigt, sondern ausschließlich Maler und Bildhauer der Akademie-Tradition, so wie auch der stadtzugewandte Teil des Bahnhofs in architektonisch traditioneller Weise gestaltet ist – hinten die Bahnhalle aus Eisen und Glas, vorne das Empfangsgebäude in steinerner Pseudo-Renaissance; der Bahnhof hat ein Janusgesicht, die Zweiteilung seiner Gesamtanlage spiegelt den Konflikt zwischen Innovation und Tradition.

Deutlich ist dies beim größten der Pariser Bahnhöfe, der ***Gare du Nord***, die der aus Köln stammende Jakob Ignaz Hittorf gebaut hat. Hittorf war als Architekt schon unterm Bürgerkönig gut im Geschäft, hatte die ***Place de la Concorde*** gestaltet und die Häuser rund um den ***Etoile*** gebaut. Er war spezialisiert auf Pomp und historisierendes Dekor. Haussmann hielt wenig von Hittorf und machte sich lustig über seinen baulichen Überschwang, worauf sich der beleidigte Star brieflich beschwerte: „Ihre Vorgänger, Herr Präfekt, haben die Künstler protegiert. Sie aber lähmen ihren Elan durch Ihre kalte und überhebliche Gleichgültigkeit!"

Wahrlich, kein herzliches Verhältnis. Aber der Nordbahnhof war ein privater Bauauftrag. James de Rothschild, Präsident der ***Compagnie des chemins de fer du Nord*** wollte ein Prestigegebäude. Hittorf stellte es ihm hin: ein neoklassizistisches Kunstwerk mit ionischen Pilastern und einer Reihe von weiblichen Statuen, die auf dem Giebeldreieck der Hauptfassade stehen und die von hier aus erreichbaren Städte darstellen. Ein rückwärtsgewandtes Dekor kaschiert die dahinterliegende technische Architektur, die immense Zentralhalle, deren 38 Meter hohes metallenes Dachgerippe auf

Fassade der Gare du Nord

vier Reihen gußeiserner Säulen ruht. Ihre Konstruktion überließ Hittorf einem Ingenieur. Dem Kölner war mehr an der bombastischen Steinkulisse gelegen. Kohlenruß und Straßenschmutz statteten das Prachtstück allerdings im Lauf der Jahrzehnte mit einer düsteren Patina aus. Thomas Manns Hochstapler Felix Krull rümpft bei seiner Ankunft die Nase über die „laute und übrigens wenig ansehnliche Halle".

Erst in jüngster Zeit wurde der gesamte Bahnhof von Grund auf renoviert, die geschwärzte Fassade sandstrahlgereinigt, die Ankunftshalle mit Design-Mobiliar ausgestattet und durch schalldämpfendes Material mit einer streßmindernden Akustik versehen. Demonstrative Polizeipräsenz schreckt Clochards, Obdachlose und Dealer ab, aus den Lautsprechern ertönen Jingles und Airport-Stimmen. Mit haifischnasigen Zügen geht es von hier nach London, Brüssel und Köln. Der Kanaltunnel und das nordeuropäische Hochgeschwindigkeitsnetz haben Hittorfs neogriechischem Dampf-Tempel eine neue Jugend verliehen.

Eine Ahnung, wie es in früheren Tagen um die Reisekultur der höheren Klassen bestellt war, vermittelt die ***Gare de Lyon***, der extravaganteste der Pariser Bahnhöfe. In seiner heutigen Version war er für die Weltausstellung von 1900 gebaut worden. Hauptattraktion ist das Bahnhofsbüffet, unter dessen vergoldeter Stuckdecke dereinst die besseren Herrschaften eine Erfrischung nahmen, bevor sie den Orient-Express oder die Luxuszüge der Gesellschaft PLM (***Paris-Lyon-Méditerranée***) bestiegen.

Nach dieser großen Zeit der Eisenbahn geriet das Juwel allerdings in Vergessenheit, es verstaubte und verrottete und wurde erst 1972 durch den Denkmalschutz gerettet. Heute freuen sich die zahlungskräftigen Gäste des Restaurants ***Le Train bleu*** am schamlosen Protz der Belle-Epoque-Bourgeoisie.

Ebenfalls zur Weltausstellung der Jahrhundertwende wurde die ***Gare d'Orsay*** fertiggestellt, als Endpunkt einer von der ***Gare d'Austerlitz*** aus verlängerten Strecke war er der zentrale aller Pariser Bahnhöfe. Gegen die Befürchtungen der Konservativen, dem Louvre gegenüber werde ein 'modernes' Gebäude entstehen, baute der Architekt Victor Laloux eine akademisch verzierte Front aus Charente-Stein, die das teilweise verglaste Gewölbe der Bahnsteigüberdachung brav maskierte. Der Zuckerbäckerbau mit den beiden großen Uhren in der Fassade galt als Inbegriff des Luxus.

Aber schon 1939 war seine Karriere als Fernbahnhof wieder zu Ende: Die Schnellzüge wurden länger, die Bahnsteige waren zu kurz. Was tun mit der unzeitgemäßen Bonbonschachtel? Abreißen und ein schönes Hochhaus-Hotel an die Stelle setzen, meinte Le Corbusier. Das wurde in letzter Minute verhindert. Die leerstehende, romantisch vergammelte Halle diente dann zeitweilig als Garage und Auktionssaal, Orson Welles drehte dort Teile seines Films ***Der Prozeß*** nach Franz Kafka, Jean-Louis Barrault spielte in dem verfallenden Gemäuer Theater. Staatspräsident Giscard entschied schließlich, hier ein Museum des 19. Jahrhunderts unterzubringen, unter seinem Nachfolger Mitterrand fand der Umbau statt. Postmodern aufgemöbelt wurde der Laloux-Bahnhof durch die Mailänder Architektin Gae Aulenti, die sich dabei auf keinen Dialog mit der alten Halle und ihrer Industriearchitektur einließ, sondern dem Kunstbahnhof ihren eigenen postmodernen Stempel aufdrückte.

Ballettübung unter der Kuppel der Opéra Garnier

Die Diva

Man liebte es eklektisch am ***Fin de siècle***. Dafür gab es ein außerordentliches Vorbild, das sich zuvor breit und unübersehbar prunkend, mit marzipangrüner Haube ins Zentrum des neugestalteten Paris gesetzt hatte, wie eine übermäßig mit Schmuck behängte Diva: die Garnier-Oper! Nichts erinnert hier an den Aufbruch ins Industriezeitalter. Eisen? Um Gottes willen! „Mit diesem Material verbindet so mancher die Hoffnung auf eine neue Architektur. Ich sage ohne Umschweife: dies ist ein Irrtum. Eisen ist ein Mittel, es wird nie ein Prinzip sein". Also sprach Charles Garnier, der Schöpfer dieses einmaligen Singspiel-Palastes. Dabei benutzte er durchaus Metall beim Bau seines Meisterwerks, so etwa für das Kuppeldach des Übungssaals, der sich über dem Konzertsaal befindet. Nur durfte man das eben nicht sehen. Der resolut antimoderne Garnier wies alles Ingenieurhafte, Technische von sich. Der Architekt war ein Künstler, basta! Und seine Kunst bestand in der Komposition von Schauwerten, im effektvollen Verquirlen unterschiedlichster Stilelemente.

„Was ist denn das für ein Stil?" fragte pikiert die Gattin des Empereurs, nachdem der weithin unbekannte Garnier mit seinem Entwurf überraschend den Wettbewerb für die kaiserliche Oper gewonnen hatte. „Das ist überhaupt kein Stil", nörgelte sie, „das ist nicht griechisch, ist weder Louis XV noch Louis XVI!" Darauf Garnier mit frischem Selbstbewußtsein: „Das ist der Stil Napoléon III, Madame, und Sie erkennen ihn nicht!"

Garnier kam aus ärmlichen Verhältnissen, war der Sohn eines Schmieds und einer Spitzenklöpplerin und mit 15 Jahren noch quasi Analphabet. Hinter seiner Neigung zu Pomp und ausuferndem Zierrat steckte die Maßlosigkeit des Emporkömmlings. Aber er traf damit den Schönheitsnerv des Aufsteiger-Kaisers und des neureichen Bürgertums.

Vierzehn Jahre lang war Garnier total von diesem seinem großen Werk absorbiert. Seine Oper sollte die Synthese aller Künste sein. Jeden Kleinkram entwarf er selbst und schuf so einen Hochzeitskuchen mit allen erdenklichen Zutaten, nach dem Motto: „Darf's noch ein bißchen mehr sein?" Marmor, Granit, Porphyr, Onyx waren die verwendeten Steinsorten. Kristall-Lüster, Bronze-Statuen, vergoldete Brüstungen, grandiose Freitreppen: alles vom Feinsten.

Garnier, der Mann aus dem niederen Volke, der ein neuer Michelangelo sein wollte, wurde durch sein Opernhaus zum berühmtesten Architekten Europas und das Gebäude selbst zum Prototyp des Second-Empire-Stils, auch wenn es erst 1875, also während der Dritten Republik, eingeweiht werden konnte. Mit dem ***Palais Garnier*** bekam die Bourgeoisie den Ort ihrer Selbstfeier: In der Oper kulminierten Pläsier und Kultur einer zu Reichtum und Macht gekommenen Klasse. Hier war man unter sich, hier konnte man sich auch mal gehenlassen. Hier wurde Wagner ausgepfiffen und die Callas ausgebuht; einmal warf gar jemand lebende Hühner vom Schnürboden auf Montserrat Caballé. Bisweilen benahm sich das Opernpublikum wie bei der Corrida. Genüßlich lauerte man auf Zwischenfälle und Pannen: Sänger, denen die Stimme versagte, Pavarotti, der auf seinem Hocker zusammenbrach – zum Schreien komisch! Kulissen, die auf halbem Wege steckenblieben und in der Luft hingen. Köstlich.

Der Opernpalast, so würdig er sich gab, hatte auch etwas von einem Variété oder einer Sport-Arena. Das verspielt-überladene Dekor trug sicherlich zur gelösten Stimmung bei. Aber damit ist nun Schluß: Im Garnier-Palast gibt es nur noch Ballett, die großen Aufführungen finden jetzt in der nüchtern-kahlen Bastille-Oper statt. Für Ausgelassenheit fehlt da einfach der Kitsch.

Baufälliger Riese

Blick über das Petit Palais zur Ile de la Cité

Mächtig und pistaziengrün grüßt die Quadriga vom ***Grand Palais***. Von neobarocker Opulenz ist die Fassade, nur leider ist der Palast seit 1993 nicht mehr zugänglich. Wer es dennoch schafft, hier hineinzukommen, betritt ein gespenstisch leeres, fußballfeldgroßes Areal. Das monumentale Glasdach ist mit Netzen verhängt, kein Mensch, keine Aktivität. Bis auf den Wachdienst, der hin und wieder nach dem Rechten sieht.

Beim letzten Großereignis im Grand Palais, einer vom Kulturministerium unterstützten Design-Austellung, waren Metallbolzen von der Decke heruntergefallen. „Einer davon landete im Koffer von Jean-Paul Gaultier. Da war hier sofort Schluß", erzählt Monsieur Georges, zuständig für Sicherheit auf diesem abgetakelten Riesenschiff.

Seit der Schließung ist nichts mehr geschehen. Auf den ersten Blick wirkt alles sehr stabil: die grün gestrichenen Säulen, Bögen, Treppen aus Metall. Aber an einigen Stellen wird das alte Gerüst durch improvisierte Träger abgestützt. Der Palast ist baufällig. „Sehen Sie hier: alles verrottet!" Eine Wendeltreppe aus Metall führt in die Höhe der Dachbrüstung. Wie ein befremdliches graues Gebirge aus Glas, Blei und Zink wirkt das wulstige Dach aus dieser Nähe. Was man von dort oben im Blick hat – das ***Petit Palais***, die ***Avenue Churchill***, den reichverzierten ***Pont Alexandre III*** –, ist, ebenso wie das ***Grand Palais***, die Hinterlassenschaft der Weltausstellung von 1900.

Mehr als anderswo haben sich die Expos in Paris in die Stadt eingefügt, sie bleibend geprägt. Vielleicht, weil in Paris an sich schon eine gewisse Theatralik zu Hause ist, die monumentale Geste, der gebaute Triumph.

Als Antwort auf die Londoner Ausstellung von 1851 ließ Napoleon III. vier Jahre darauf die erste Pariser Expo veranstalten. Bis ans Ende des Jahrhunderts leisteten sich London und Paris einen wahrhaften Weltausstellungs-Wettkampf. Es waren Großveranstaltungen, die Propaganda machten für die schöne neue Welt des unaufhaltsamen Fortschritts, sie waren Jubelfeiern für Technik, Industrie und Handel, oder mit Walter Benjamins Worten: „Wallfahrtsstätten zum Fetisch Ware".

Die Weltausstellungen waren im übrigen Experimentierfelder der neuen Metallarchitektur. Metall erschien als das ideale Material für die großen provisorischen Gebäude, die rasch auf- und wieder abgebaut werden mußten. Jedesmal gab es eine neue ***Galerie des Machines***. Die von 1889 überspannte 115 Meter! Es waren temporäre Kultstätten, deren Transparenz die anzubetenden Maschinen in feierliches Licht tauchten.

Allesamt wurden sie wieder abgeräumt, die ersten Meisterwerke der Metallära, mit Ausnahme des Eiffelturms, dieses berühmtesten aller Elemente der Pariser Skyline. Zur Expo 1889 mußte einfach das höchste Gebäude der Welt her. Bis dahin war dies der granitene Obelisk von Washington. Kaum war das Turmprojekt des Ingenieurs Gustave Eiffel angenommen, traten Spezialisten auf den Plan, die wissenschaftlich die Unmöglichkeit nachwiesen, diesen Turm zu bauen. Ein Mathematiker hatte gar ausgerechnet, der Turm werde genau bei einer erreichten Höhe von 228 Metern zusammenstürzen. Als es soweit war, sammelte sich eine gaffende Menge, um der Katastrophe beizuwohnen. Vergebens. Sehr zum Leidwesen jener Künstler, die schon im Februar 1887 in der Tageszeitung ***Le Temps*** „im Namen des französischen Geschmacks, im Namen der bedrohten französischen Kunst und Geschichte" gegen die „Schande von Paris" protestiert hatten, diesen monströsen Turm, der den „merkantilen Phantasien eines Maschinenkonstrukteurs" entsprungen war.

Zu den Unterzeichnern gehörten die großen offiziellen Schinken-Maler und Schnörkel-Architekten, unter ihnen natürlich auch Charles Garnier, der Opern-Konditormeister. Ein einziger „Moderner" war dabei: der Schriftsteller Guy de Maupassant. Der nahm dann allerdings die Sache nicht gar so tierisch ernst. Als der Turm stand, ging er oft zum Mittagessen ins Restaurant der ersten Etage und meinte fröhlich: „Dies ist der einzige Ort in Paris, von dem aus ich ihn nicht sehe." Die Expos dienten auch der Unterhaltung und Zerstreuung, waren die Vorläufer späterer Vergnügungsparks. Hier wurden Spektakel geboten, hier setzte sich das Jahrhundert in Szene. Die Welt war in Paris und ließ sich hier komplett bewundern, es gab Pagoden, Ritterburgen und Almhütten, samt der zugehörigen Menschenvielfalt. Wie nie zuvor wurde das Bedürfnis nach Illusionen gekitzelt. Manifestierten sich in den ersten Expos noch der Stolz der industriellen Aufbruchphase, die Begeisterung für neue Verfahren und Produkte, wurde später der Unterhaltungsaspekt immer bedeutsamer. Die Weltausstellungen entwickelten sich zu aufwendigen Rummelplätzen. Besonders bei der Jahrhundertwende-Ausgabe bestimmten Inszenierung und Kostümierung das Erscheinungsbild. „Das Unechte und die Imitation triumphieren auf der ganzen Linie", wetterte der Architekt Frantz Jourdain. Der Baustoff Gips dominierte, es entstanden Gebäude wie aus Zuckerguß. Stählerne Konstruktionen, die ihre Formen unverbrämt zeigten, waren nun verpönt.

Netze schützen im Grand Palais vor „Fallgut"

So unterscheidet sich denn auch das ***Grand Palais*** von den nackten Industriepalästen. Was 1855 bewundert wurde, war 1900 untragbar. Wie bei den Bahnhöfen galt es, durch dekorative Architektur das als vulgär und häßlich Erachtete vor den Blicken abzuschirmen, dem Koloß aus Metall und Glas eine barocke Fassade vorzuschalten.

Unter dem großen gläsernen Dach wurde Kunst ausgestellt: akademischer Kitsch aus

Gips und Marmor, springende Rösser, kauernde oder sinnlich hingelagerte Damen, sterbende Helden, große Männer auf Podesten. Die Avantgarde blieb außen vor. Seltsamer Kontrast: industrielle Modernität oben am gläsernen Himmel, verschmockter Akademismus unten. Ein Ort der Kunstausstellungen blieb das Grand Palais auch später (nur während des Ersten Weltkriegs wurde es zum Lazarett mit 1.200 Betten umgerüstet). Noch kurz vor seiner Schließung bildeten sich lange Besucherschlangen bei Großretrospektiven wie „Gauguin" oder „Toulouse-Lautrec". Jetzt werden nur noch gelegentlich ausgediente Dekorelemente zwischengelagert im großen Bauch des Riesen.

Auch die zur Weltausstellung von 1900 eröffnete Metro stieß auf konservativen Widerstand. Von den Glasdächern ihrer Eingänge sind leider nur zwei übrig geblieben: an den Stationen ***Porte Dauphine*** und ***Abbesses***. Der Plan für die U-Bahn war schon alt und lange bekannt, die Bedenken und Ängste waren groß. Auch Opern-Baumeister Charles Garnier gab wieder mal seinen Senf dazu und schrieb ans zuständige Ministerium: „Für die meisten Pariser wird die Metro inakzeptabel sein, wenn sie es nicht schafft, alle Spuren ihrer industriellen Natur abzuwerfen und somit ein Kunstwerk zu werden. Paris darf keine Fabrik werden; es muß ein Museum bleiben..."

Der Jugendstil-Architekt Hector Guimard aber schaffte es, dem industriellen Material ungewöhnliche Formen abzugewinnen, ohne es zu verstecken: pflanzliche, verschlungene Formen als Module, die industriell produziert wurden. Es bedurfte offenbar der attraktiven Dekoration, um die Menschen in den schaurigen Untergrund zu locken. Guimards Metallgewächse und seine zarten Dächer, luftigleichte Gebilde wie die Pergolen über den Eingängen von Luxushotels, dienten dazu, die Akzeptanz des unheimlichen Verkehrsmittels zu fördern, das sich durch dunkle Röhren unter der Stadt bewegte.

Konsumtempel „Samaritaine" an der Pont Neuf

Paradies der Damen

Verbreiteten die Weltausstellungspaläste unter ihren Traumdächern Freude und Glanz nur vorübergehend, so wird in den Warenhäusern der ***Belle Epoque*** die „Wallfahrt zum Fetisch Ware" zur Dauereinrichtung. Die Kuppeln der neuen „Wallfahrtskirchen" konkurrieren in der Pariser Dächerlandschaft mit den barock-katholischen Domkuppeln.

1852 öffnete das erste Kaufhaus ***Au Bon Marché*** seine Tore, Vorbild für Emile Zolas Roman ***Paradies der Damen***. In den folgenden Jahrzehnten entstanden ***Printemps***, ***Galeries Lafayette***, ***La Belle Jardinière***, ***Samaritaine***, ***Bazar de l'Hôtel de Ville*** und andere. Paris wurde zur europäischen Hochburg dieser neuen Form des Einzelhandels.

Hier bot man dem Flaneur ein neues Terrain. Er sollte allerdings nicht nur schlendern, sondern bitte auch kaufen. Dazu galt es, ihn durch eine raffinierte Raumästhetik zu verführen, die einerseits das Warenangebot ins rechte Licht rückte, andererseits jedem namenlosen einzelnen gestattete, sich wichtig zu fühlen. Die Kaufhäuser brachten mit Hilfe industrieller Materialien eine besondere Raumästhetik hervor: Die neuen Dachkonstruktionen konnten weite Flächen überspannen und schufen durchlässige helle Großräume. Ab 1870 begann man, das Glasdach zu verdoppeln: Die äußere nüchtern-sachliche Haut isolierte gegen Witterungseinflüsse, die innere „falsche" bot etwas fürs Auge, wurde ornamental verziert. Auf der schloßartigen Freitreppe, umschmeichelt vom Zauber des zenithalen Lichts, konnte auch der Nobody seinen Auftritt haben. Der Kunde wurde tatsächlich zum „König", hier wurde Palastambiente für den Normalbürger geboten zwecks Anstachelung des Kaufbegehrens.

So aufwendig die Kundschaft umworben wurde, so knapp und streng wurden die Angestellten gehalten. Mehr als tausend waren es gegen Ende des 19. Jahrhunderts bei den großen Häusern. Viele wohnten kostenlos, aber überwacht und bespitzelt unterm Kaufhausdach. Das ohnehin dürftige Privatleben war hier einer strikten Ordnung unterworfen. Tagsüber durfte niemand sein Zimmer betreten, abends hatten alle um 23 Uhr zu Hause zu sein, Besuch war nicht erlaubt, es herrschte klösterliche Disziplin. 150 Mansardenzimmer unterhielt ***Au Bon Marché***, über 200 waren es beim ***Printemps***. Die gibt es heute nicht mehr. Leider ist aber auch sonst vieles vom Charakter der ***grands magasins*** den Zeitläufen zum Opfer gefallen. Zwar strahlen die Fassaden noch einiges vom Glanz der Belle Epoque aus, aber im Inneren ist moderne Kaufhausnüchternheit eingezogen. Dennoch: Es gibt Restbestände der alten Substanz, die etwas verraten vom phantasmagorischen Glanz der früheren Warenwelten, so die Kuppel des ***Printemps***, die sich bunt wie ein Kirchenfenster über der Cafeteria wölbt, oder der prachtvolle, sich durch drei Etagen ziehende Lichthof über der Parfümabteilung der ***Galeries Lafayette***.

Von Geld- und Freßpalästen

Effektvolle Rauminszenierungen, die das Licht aus dem Dach nutzen, finden sich auch in den großen Bankhäusern um die Oper und an den ***Grands Boulevards***. Einige dieser fabelhaften Geldpaläste sind umgewidmete echte Stadtschlösser aus dem 18. Jahrhundert, andere zitieren die Schloßarchitektur mit modernen Mitteln.

Das „Chartier", das letzte der alten Volksspeisehäuser

Kein Schloß, sondern einen ganzen Block von Wohnhäusern aus der Restaurationszeit zwischen Boulevard Haussmann und Rue Gluck erwarb 1905 die ***Société Générale***. Sie bewahrte die anonyme Fassade, aber das Innere wurde ausgehöhlt: Tief in die Erde wurde ein Riesenloch gegraben, da hinein kamen vier Etagen Tresorräume. Darüber, im Parterre entstand der weitläufige Schalterraum, von oben beleuchtet durch eine spektakuläre, zart ornamentierte Glaskuppel.

Besonders groß war die Begeisterung, als 1913 der neue Zentralsitz des ***Crédit Lyonnais*** eröffnet wurde: „Ein französisches Meisterwerk! Finanzmonument des 20. Jahrhunderts! Bank der Zukunft! Ein Palast, den man besichtigen sollte!" titelten die Zeitungen. Ein ganzes Straßengeviert nimmt das Finanzmonument ein. Auch hier sollte sich der Bourgeois als Edelmann fühlen, daher lockte man ihn mit reichlich Stuck, Skulpturen und Kolonnaden sowie einem Treppenaufgang, der dem des Schlosses von ***Chambord*** nachempfunden ist. Das verglaste Zentralschiff aber stammt von Gustave Eiffel, andere Teile realisierte der Gare-d'Orsay-Architekt Victor Laloux. Wahrlich, man hätte ihn rechtzeitig besichtigen sollen, diesen Palast, denn im Frühjahr 1996 ist er ausgebrannt.

In der ***Belle Epoque*** wurden nicht nur Warenverkehr und Geldgeschäfte durch attraktive Glasdächer geadelt, sondern auch die urbanen Freizeitvergnügungen. Gerade für Restaurants, als Stätten der Ausgehkultur und des Sich-Zeigens, bot sich das magische Licht von oben an. Einiges hat sich bis heute erhalten. Meist handelt es sich um Speiseplätze der gepflegteren Art – ***La Grande Cascade***, ***Bofinger***, ***Julien***, ***La Fermette Marbeuf***, aber auch an schlichteren Orten schimmert noch etwas von der alten Pracht: Wer zum Studieren, als ***Au-pair*** oder einfach bloß als sparsamer Tourist an die Seine kommt, landet bestimmt irgendwann im großen Billigrestaurant ***Chartier*** an der Rue du Faubourg Montmartre. Es ist das letzte Exemplar der ***Bouillons Chartier***, einer Kette von Volksspeisehäusern des 19. Jahrhunderts, und hat auf wundersame Weise sein Dekor über die Zeiten retten können – Garderobenstangen, Riesenspiegel, Stuckmedaillons mit den Initialen von Camille Chartier und das Dach aus Weißglas, durch welches zum ***Déjeuner*** Tageslicht auf die dichtgedrängten, sich schlicht, aber korrekt ernährenden Gäste fällt.

Ein Konkurrenzunternehmen waren die ***Bouillons Duval***. Sie sind zwar schon 1916 verschwunden, aber in der Rue de Clichy ist noch eine ehemalige Filiale zu bewundern, heute beherbergt sie eine Billard-Akademie. Die Dekoration des alten Bouillon ist fast unverändert: regelmäßige Pilaster mit Kapitelen, Spiegelwände und ein gläsernes Dach über dem Teil des Saals, in dem jetzt die Billardtische aufgebaut sind. Ab dem frühen Nachmittag sind die fünfzehn tuchbespannten Tische umlagert, recken sich Profis wie Rentner über die Banden und messen sich in Snooker oder Carambolage. Es wird jede Menge Patina geboten. Und das soll auch so bleiben, denn die Besitzer weigern sich störrisch, die ***Académie*** modern herauszuputzen.

Untergang der Arche Noah

Eine dramatische Geschichte verbindet sich mit dem Dach eines in jenen Jahren entstandenen Museums, der ***Grande Galerie de Zoologie*** im ***Jardin des Plantes***. Als sie 1889 feierlich vom Präsidenten der Republik eröffnet wurde, galt sie als der Louvre der Naturwissenschaften. Die zeittypische Steinfassade umrahmt eine großartige Halle mit drei umlaufenden Galerien, von zierlichen Gußeisensäulen getragen und mit Eichenholzvitrinen bestückt, sowie einem bis zur gläsernen Decke offenen Mittelraum.

Über eine Million eingemachte, aufgespießte, ausgestopfte Tiere hatte französischer Forscherfleiß hier zusammengetragen: Reptilien, Amphibien, Krustentiere, Insekten, Fische, Vögel, Säuger. Im Zentralbereich waren die großen Exemplare aufgebaut: Giraffen, Elefanten, Nashörner, Büffel, Zebras sowie ein Wal. Teile der Sammlung gehen zurück auf die von der Französischen Revolution konfiszierten Kuriositätenkabinette des Adels. Auch fand sich allerlei Getier, das zuvor in der benachbarten Menagerie gelebt hatte, hier später ausgestopft und verewigt wieder. Groß war das wissenschaftliche Renommée, beachtlich der Publikumszulauf in dieser Arche Noah der erstarrten Kreatur.

Gewächshäuser im Jardin des Plantes

Aber dann, 1965, wurde sie wegen Baufälligkeit geschlossen. Während des Zweiten Weltkriegs hatten deutsche Flaksplitter das Dach beschädigt. Es wurde notdürftig mit ein paar Zinkplatten geflickt, aber das erwies sich als unzureichend, von oben drang weiter Feuchtigkeit ein. Anstatt das Dach zu reparieren, machte man das Museum lieber zu und ließ es still verrotten. Von oben tröpfelte es. Die Tiere blieben unter sich, wurden fleckig, schorfig, schäbig, schimmelten vor sich hin, dreißig Jahre lang. Pariser Kinder wurden geboren und wurden erwachsen, ohne diese Schatzkammer gesehen zu haben. Besucher des ***Jardin des Plantes*** wußten am Ende gar nicht mehr, was sich in diesem massigen Gebäude mit der düster-schmutzigen Fassade verbarg.

In den achtziger Jahren ist es mir einmal gelungen, mich dort mit Hilfe eines komplizenhaften Wachmanns einzuschleichen. Nie werde ich diesen Eindruck vergessen! Da standen in Staub und Mief ein aufgeplatztes Rhinozeros, ein mottenzerfressener Tiger, ein melancholisches Gnu, Antilopen mit abgebrochenen Hörnern, und zahllose andere arg mitgenommene Tiere im trüben Dämmer des verschmierten Oberlichts. Eine stumme, dekadente Party der Ausgestopften.

Erst in den 90er Jahren wurde, auf eine Entscheidung von François Mitterrand hin, die Renovierung in Angriff genommen. Der damit betraute Architekt Paul Chemetov stellte mit Bestürzung fest, daß das Glasdach seit der Eröffnung des Museums, also seit 1889, nicht mehr gereinigt worden war.

Seit Sommer 1994 ist die Galerie wieder geöffnet. Mit dem zoologischen Museum von einst hat sie freilich kaum mehr etwas gemein. Hier wird nun mit Lichteffekten und Soundtrack die Evolution in Szene gesetzt. Wie auf dem Laufsteg defilieren in der Zentralhalle frisch gereinigt, gekämmt und gebürstet die Stars der Savanne. Haie schweben durchs Halbdunkel. Das Dach ist nicht mehr transparent, das Tageslicht würde die raffinierte Lichtregie nur stören.

Am anderen Ende des Parks, im Anatomie-Museum, sind die Verhältnisse noch beim alten. Angesichts der beklagenswerten Finanzlage des Naturgeschichtlichen Museums war nach der Herrichtung der Evolutionsgalerie für die Anatomie offenbar nichts mehr übrig. Verdreckt ist das Glasdach im Obergeschoß.

Grande Galerie de Zoologie, Jardin des Plantes

Ein paar Scheiben sind zerbrochen, Zweige, welke Blätter und eine tote Taube schimmern durch. Der Putz an der Decke zeigt Blasen und braune Flecken, die Hälfte der Neonleuchten ist ausgefallen.

Ansonsten ist diese Galerie quasi im Urzustand: alte Holzvitrinen, vergilbte Etiketten, schmiedeeisernes Geschnörkel an den Treppengittern. Auf anrührende Weise hat die Zeit allem ihren Stempel aufgedrückt. Fast ist man dankbar für die Vernachlässigung. Neuen Zulauf hat das obere, der Paläontologie gewidmete Geschoß bekommen. Vor ein paar Jahren war man hier unterm ungepflegten Glasdach mit Glyptodon und Diplodocus fast allein in diesem Gerümpelschuppen der Geschichte des Lebens. Aber seit Spielbergs ***Jurassic Park*** und der Dino-Mode wimmelt es von Eltern mit ihren Kids auf dem knarzenden Parkettboden.

Sühne oder Klassenkampf

Die große Zeit der Kuppeln war das ***Ancien Régime***, aber es gibt zwei Nachzügler, die eine genauere Betrachtung verdienen. Die eine ist unübersehbar: Es ist die Kuppel der Basilika ***Sacré Cœur***. Hoch ragt sie über der Stadt empor und sieht aus, als wäre sie da schon immer gewesen. Als hätte sich die Stadt zu Füßen dieses Gebildes hingelagert, wie im Schutze einer Burg. Dabei war es umgekehrt. Man hat der Stadt dieses Monument sehr spät verpaßt, um nicht zu sagen: aufgepfropft. Tatsächlich ist die Kuppelkirche erst 1923 fertig geworden, und manch einer kann sich den Montmartre auch ohne sie vorstellen.

1985 antwortete Lionel Jospin, damals Abgeordneter des 18. Arrondissements, heute französischer Premierminister, auf die Frage eines Journalisten, welches Pariser Monument er abreißen würde: „Die Basilika Sacré Cœur! Auch wenn sie in meinem Wahlkreis steht: sie ist häßlich, und ihre Errichtung symbolisiert die Niederwerfung der Linken!" So tief verwurzelt können alte ideologische Antipathien sein.

Der Bau von Sacré Cœur war durch eine fromme Privatoffensive nach den Tagen der Commune lanciert worden, als Sühnemonument für all die Untaten der revolutionsfreudigen Stadt und des gottlosen Jahrhunderts, ein von überall her sichtbares Zeichen der Buße und Umkehr. Die damals monarchistische Parlamentsmehrheit bot günstige Voraussetzungen für die Baugenehmigung. Nun also thront diese Hochzeitstorte extrem weiß über dem grauen Dächermeer, noch weitaus dominierender als das für die Kirche verlorengegangene Panthéon und immer noch von der Sonne bestrahlt, wenn der Rest der Sündenstadt schon im Schatten liegt.

Durch Sacré Cœur wurde Paul Abadie zu einem der bestgehaßten Architekten Frankreichs. Als „vulgär und miserabel" beschimpften zeitgenössische Kritiker seinen romanisch-byzantinischen Entwurf und titulierten ihn als Wandalen und „Fälscher". Kaum hatte sich die Französische Republik wieder gefangen, wurde das emporwachsende Bauwerk im Pariser Stadtrat als „unverschämtes Symbol der Intoleranz und des Fanatismus" geschmäht, als „permanente Beleidigung der Intelligenz und des Patriotismus von Paris". Die Pariser waren in ihrer Mehrheit entsetzt über das Ding. Es gab Anträge, die Bauarbeiten an diesem „Monument der Schande" abzubrechen. Aber die Arbeiten waren schon zu weit fortgeschritten.

Dafür revanchierte sich die Anti-Sacré-Cœur-Fraktion durch neue Straßennamen: so ist der ***Square Willette*** am Fuß der großen Treppe nach einem lokalen Künstler benannt, der bei der Einweihung der Basilika aufstand und rief: „Lang lebe der Teufel!" Die Straße, die sich um die Kirche windet, wurde vom antiklerikalen Stadtrat umbenannt in ***Rue du Chevalier de la Barre.*** Dieser Chevalier war 1766 als junger Mann wegen Blasphemie hingerichtet worden: er hatte sich geweigert, eine Prozession zu grüßen. Obendrein setzte man ihm vor der Basilika ein Standbild. Während des Zweiten Weltkriegs wurde die Statue für deutsche Granaten eingeschmolzen. Derzeit sammelt ein Verein für ihre Wiedererrichtung.

Dächer und Kuppel der Basilika Sacré-Coeur

An Geld ist auch die andere Seite interessiert: „Helfen Sie uns bei der Restaurierung des Montmartre-Heiligtums. Alle Devisen willkommen", bettelt ein Schild, auch in Deutsch, im Inneren der Basilika. Dort ist es eigenartig düster, magisch glimmen Opferkerzen, leuchten Goldmosaiken.

Eine steile, ausgelatschte Treppe führt in luftige Höhe auf den Umgang der Kuppel. Die Wände sind bedeckt mit internationalem Gekritzel und Gekrakel. Dies ist ein Wallfahrtsort, da darf man sich was wünschen. „Muriel, erinnere dich an den 28. 1. 91 und an mich!" fleht ein Benoît. Ob das Heilige Herz Jesu geholfen hat?

Aus der Nähe betrachtet, wirkt das steinerne Dach der Basilika klobig und ohne Finesse. Die Hauben der Nebenkuppeln sehen mit ihrem Zackenmuster aus wie grobschlächtig in Stein gehauene Ananas. In Richtung Campanile steht grün der heilige Michael auf dem First. Gerade hat er einem krokodilartigen Drachen – steht er für die Revolution? Die Commune? Den republikanischen Antichrist? – brutal sein Schwert durch den Hals gejagt.

Details wie diese weisen auf die ursprünglich so kämpferische Mission dieser späten Kuppelkirche hin. Aber wer denkt heute noch an nationale Buße und reaktionäre Militanz beim Anblick von Sacré Cœur? Der pro- und antiklerikale Kleinkrieg ist nur noch eine folkloristische Marginalie. Die über der Stadt hockende Basilika wurde zu einem dekorativen Element der Pariser Geographie, zum wertfreien Postkartenmotiv.

Eine andere einstmals militante Glaubensgemeinschaft hat sich noch in den 70er Jahren eine Art Kuppel bauen lassen. Auch diese Vereinigung wandte sich an die „gefährlichen Klassen", nicht allerdings, um ihnen Buße aufzuerlegen für revolutionäre Missetaten, sondern um sie nach eigenen Vorstellungen zu organisieren und disziplinieren mit dem Ziel, sie in eine strahlende Zukunft zu führen – ein Vorhaben, das ähnlich mißlang wie den Bußpredigern vom Heiligen Herzen das ihre. Die Rede ist von der Kommunistischen Partei Frankreichs. Deren Kuppel freilich schwebt nicht hoch oben über den kleinen sündigen Menschlein, sondern sie wächst von unten aus der Erde heraus. Sie ist auch flacher, schlichter, bescheidener in ihren Ausmaßen. Gleichwohl ist sie ein Hinweis darauf, daß unter ihr etwas Besonderes geschieht: Wichtige Entscheidungen werden dort getroffen, denn sie wölbt sich aus dem grünen Rasen über dem Zentralkomitee der KPF.

Das KP-Hauptquartier an der ***Place du Colonel Fabien*** stammt aus dem Jahr 1971, aus einer Zeit, da die Partei fest im Sattel saß, sogar die größte unter Frankreichs Parteien war und bei Wahlen die meisten Stimmen holte. Entworfen hatte den Parteisitz der brasilianische Architekt Oscar Niemeyer, von dem auch Brasiliens Hauptstadt ***Brasilia*** stammt – ein geschwungenes Gebäude auf Betonstelzen mit Glasfassade hatte er sich für die französischen Genossen ausgedacht und den unterirdischen Saal, der sich nach oben weiß und schildkrötenförmig ausstülpt. Der Pariser Osten war damals noch ziemlich proletarisch, heute ist die Gegend aufgemischt und verbürgerlicht. Längst haben die kommunistische Gewerkschaft CGT und die Parteizeitung ***L'Humanité*** die Hauptstadt verlassen und sich in verbliebene KP-Hochburgen der Banlieue zurückgezogen. Nur die Parteizentrale verharrt trotzig mitten im Feindesland. Oben, aus dem Speisesaal, hat man einen Blick auf die ZK-Kuppel im eigenen Vorgarten aber auch auf die andere, weiterentfernte von Sacré Cœur. Hier oben in der 6. Etage des Niemeyer-Baus wurden früher die Besucher aus den „Bruderländern" bewirtet. Aber die gibt es ja nicht mehr und das Hauptquartier wirkt heute ein bißchen überdimensioniert.

Kuppelbau des ZK der KPF

Dennoch ist die ganze Anlage picobello in Schuß und wird gepflegt wie in alten Zeiten. Nachts klettern Skateborder und Rollschuhfahrer über den Zaun und suchen die weiße Betonhaube heim und jeden Morgen wird sie mit einem Mittel namens „Glassex" wieder sauber geputzt.

Der Traum vom Flachdach

In der Frühzeit jener Moderne, der sich Niemeyer verpflichtet fühlte, wollten die Architekten dem Volk viel Gutes tun. Luft und Licht sollten die kranke Gesellschaft heilen. Wie auf dem Deck eines Schiffes würden sich die gestreßten Großstädter bei Sonnenkuren entspannen, inmitten der dichtbebauten Metropole. Voraussetzung für die Vision dieser neuartigen Dachnutzung waren neue Baustoffe wie der Beton und Verfahren zur Abdichtung des Terrassendachs.

Auguste Perret, einer der Pioniere des Stahlbetons, fragte: „Anstatt weiter diese unwürdigen Dächer zu bauen, warum macht man nicht hübsche Terrassen, deren Nutzen auf der Hand liegt?" 1903 baute er in der ***Rue Franklin*** ein vielgepriesenes Beton-Wohnhaus und reservierte sich für seine eigene Wohnung die Dachterasse.

Seinen Schüler Le Corbusier veranlaßte der „wiederkehrende Traum, auf das Haus zu steigen" zur Niederschrift einer „Theorie des Gartendachs". Was könnte nicht alles geschehen auf solchen Dächern: die Menschen würden sich dort treffen, dinieren, musizieren, Sport treiben, ein Schwimmbad könnte installiert und allerlei Grünzeug angepflanzt werden. In luftiger Höhe würden die Städter so mit der Natur versöhnt. „Dort oben, über dem Lärm und dem Schmutz, wird sich der Mensch eines immensen Horizonts erfreuen können", frohlockte Auguste Perret. „Der" Mensch?

In einigen wenigen Fällen wurde bei neuen Sozialwohnbauten der zwanziger Jahre mit Terrassendächern experimentiert, aber meist waren es die Privilegierten der ***Beaux quartiers***, die in den Genuß solcher Neuerungen kamen. Wer im teuren ***Seizième*** spazierengeht, bemerkt gelegentlich üppige Vegetation, die von den Dächern quillt. Manchmal ist auch ein kleines gläsernes Gewächshaus zu erkennen. Aus den schönen Visionen der Terrassen-Propheten wurde eine Sache der „happy few“.

Blick zum Pont du Carrousel und Eiffelturm

„Ist es denn so schwierig, alle Häuser einer modernen Stadt so wie dieses hier zu konzipieren und sie noch weiter in den Himmel hinein zu entwikkeln?“ fragte Auguste Perret 1921. Nein, ist es nicht, dachte Le Corbusier und entwarf eine komplette Hochhausstadt aus einheitlichen Wolkenkratzern, für die er vorschlug, die halbe Metropole abzureißen: „Laßt uns auf dem Terrain dieses erstickenden Paris eine grüne Stadt, eine strahlende Stadt bauen, die Natur ins Innere von Paris bringen.“

Es war nur so eine Idee von ihm, wie sie zu den Tastbewegungen der Moderne gehörte. Le Corbusier war trotz aller Provokationen von Vorstellungen humanen, hygienischen Wohnens geleitet, ein genialer Kopf voller Widersprüche, in dessen radikalen Vorschlägen immer auch ein utopisches Element aufflackerte. Architektur war für ihn „das weise, richtige, wundervolle Spiel der Körper im Licht“, eine anspruchsvolle Kunstform. Von dergleichen waren viele seiner Nachahmer unangekränkelt. Übernommen wurde, was aus Le Corbusiers Ideenbaukasten der Autogesellschaft in den Kram paßte: die Trennung der Fußgängerwelt von der Autowelt durch säulengetragene Betonplatten sowie das Aufeinanderstapeln von Wohneinheiten in Hochhäusern. Es war die Zeit, da Staatspräsident Pompidou verkündete: „Paris muß sich dem Automobil anpassen und Abschied nehmen von einer überholten Ästhetik.“ Er selbst lebte auf der historischen ***Ile Saint Louis***.

Um Besucher von auswärts zu beeindrukken, bringe ich sie gern auf das Dach der ***Samaritaine***. Wie ein großer Dampfer hat dieses Kaufhaus mitten in der Stadt festgemacht, gegenüber dem Westzipfel der ***Ile de la Cité***, gleich beim ***Pont Neuf***. Von der 9. Etage erreichen wir über eine kleine Treppe die runde Aussichtsplattform, sozusagen den Mastkorb dieses Art-Deco-Schiffes. Da liegt sie nun, die ganze Pracht! 360 Grad Paris werden geboten, und immer wieder muß man sich umdrehen, noch und noch. Was man zu sehen bekommt: die Visitenkarte der Stadt in Gestalt ihrer Dächer, eine Komposition aus fleckigen Grautönen, die einen Fond für die historischen Türme und Kuppeln abgibt.

Eingestreut wie Störfaktoren in diesem Panorama, das so behutsam gewachsen scheint, wirken die klotzigen Auswüchse neuerer Zeit, so die anmaßende ***Tour Montparnasse*** oder der Klotz der ***Uni Jussieu***. Die ist asbestverseucht, das sieht man zwar nicht, aber man glaubt es gern. Mißachtet und gesprengt wurde die traditionelle Hierarchie in einer bis dahin einheitlichen Stadtlandschaft, deren „große Dächer“ sich über die gleichmäßig hohen anonymen Wohn- und Bürohäuser erhoben. Nachdem sich seit 1784 das Baureglement in Paris nur sehr maßvoll und kontinuierlich geändert hatte, vollzog sich in den 60er Jahren des 20. Jahrhunderts ein radikaler Bruch mit der Tradition: Schluß mit Gesimshöhe, Parzelle und geschlossenen Straßenfronten. Harmonie war nicht mehr gefragt. Rabiat wurde abgerissen, was man für wertlos hielt, dies betraf vor allem die Bezirke am Rand der Stadt. Dort schossen neue ***Quartiers*** auf, für die es nach oben hin keine Begrenzung mehr gab.

Die Sainte-Chapelle, einst Kapelle des Königs, ist heute vom Palais de Justice eingeschlossen

3,2 Kilometer Prozeßakten lagern unter den Dächern des Justizpalastes

Blick vom 1370 errichteten Uhrturm über Conciergerie und Sainte Chapelle

Die zahllosen Terracotta-Kaminröhren entfalten eine besondere Ästhetik

Die 1607 von Henri IV. angelegte Place Dauphine auf der Ile de la Cité

Konsumkathedrale
Galeries Lafayette

Die Designmöbel-Abteilung erlaubt Einblick zwischen die Kuppeln

Unter der Restaurantkuppel des „Au Printemps“ fühlt sich der Kunde wie ein König

Die Besucherterrasse des „Printemps" bietet gute Sicht zur Madeleine

Ein Seineausflug wie dieser verbindet Gastronomie mit Sightseeing

Die als Hausboote genützten „Péniches" auf der Seine zählen zu den teuren Adressen

Der Lesesaal der 1868 erbauten Nationalbibliothek bietet 360 Studierenden Platz.

„Montagne Russe" (Achterbahn) wird die auf zierlichen gußeisernen Säulen „schwebende" Kuppellandschaft über dem Lesesaal genannt

Feuerwehrmann Frédéric kontrolliert regelmäßig die Sicherheit der ehrwürdigen Bibliothèque Nationale

Blick durch die Lüftungsklappen der revolutionären, von Henri Labrouste entworfenen Konstruktion in den Zeitschriftensaal der Nationalbibliothek

Der Architekt Labrouste
entwarf auch die fast
schwerelos wirkenden
Bögen der 1844 erbauten
Bibliothèque Ste-Geneviève

Internet-Café „Web-Bar" in einer ehemaligen Juwelierwerkstatt im Marais

Blick vom Traditionstheater Comédie Française über die Place André Malraux

Das historische Dach des ältesten französischen Staatstheaters beherbergt heute Kostümschneiderei und Klimatechnik

Das „Chartier" ist die letzte überlebende Filiale der „Bouillons-Chartier"

Der Saal eines ehemaligen „Bouillon"-Restaurants dient heute der „Academie de Billard"

Das „Café Charbon" an der Rue Oberkampf ist Szene-Wohnzimmer des Pariser Ostens

Das Café „Les Deux Magots" war einst Wohnstube der Pariser Intellektuellen

Wochenmärkte, wie dieser an der Place Monge, sind für die Pariser unverzichtbar

Beliebt: die Restaurants unter den Arkaden der Place des Vosges

Die offene Plattform der Buslinie 29 ist ein besonderes Paris-Erlebnis

Die Dächer von Paris entfalten vor allem nachts ihren romantischen Charme

„Kathedrale des Fortschritts"
Bahnhof Gare du Nord

Im 19. Jahrhundert entstanden in Paris 6 gewaltige Kopfbahnhöfe

Gare de Lyon, Reisende aus Ghana warten auf ihren TGV-Anschluß

Seit 1986 dient der 1939 geschlossene Paradebahnhof Gare d'Orsay als Kunstmuseum

Metrostation Porte Dauphine – es gibt nur noch zwei der von Hector Guimard im Jugendstil entworfenen gläsernen Metroeingänge.

Viele Musiker (wie diese aus Rumänien) verdienen in der Metro ihren Lebensunterhalt

Verlassener Bahnhof des stillgelegten Eisenbahngürtels „Petite Ceinture"

In Baracken der „Petite Ceinture" haben Clochards Obdach gefunden

Abdi ist seit 15 Jahren in einem „Foyer" (Männerheim) der SONACOTRA zu Hause

Für den obdachlosen Serge ist diese Schaufensternische kurzzeitiges Domizil

„Le Train Bleu" – prunkvolles Belle-Epoque-Restaurant im Bahnhof Gare de Lyon

Mit opulenten Dächern drängen die Cafés der Boulevards auf die Trottoirs

„Café Marly" unter den Arkaden des Louvre

Verwandlung an der Av. Daumesnil: vom nutzlosen Bahnviadukt zum „Viaduc des Arts"

Die Caserne Vérines an der heutigen Place de la République wurde von Baron Haussmann aus Gründen der inneren Sicherheit angelegt.

Die Reithalle der Garde Républicaine am Boulevard Henri IV wurde 1893 gebaut.

Zwei innere, mit Fresken ausgeschmückte Kuppelschalen bilden den Dôme des Invalides

Aus der Kuppel blickt man fast 100 Meter auf die Besucher und das Grabmal Napoléons

Für alle Fälle gerüstet: Feuerwehrmänner im Eichengebälk der Kuppel

In den Feuerwehrhelmen der „Pompiers" spiegelt sich die Laterne der vergoldeten Kuppel

Die Opéra Garnier, Prunkstück aus dem Zweiten Kaiserreich

Unter der pompösen Eisenkuppel des 1875 eröffneten Musentempels probt das Opernballett

Die Bankzentrale der Société Générale besitzt eine der schönsten Glaskuppeln von Paris

Über der farbigen Zierkuppel spannt sich unsichtbar eine zweite Haut.

Place Marché Saint Honoré, heute wird hier mit Wertpapieren gehandelt, Bank Paribas

Unter dem Ziergrün des Forum les Halles verbirgt sich ein Schwimmbad

Verladehalle einer Bahnspedition in einem Hinterhof des Marais-Viertels

Der Schuhmacher Bagnarosa betreibt mit seiner Mutter die letzte „Cordonnerie" am stillgelegten Eisenbahngürtel „Petite Ceinture"

Von den Sacré-Coeur-Freitreppen unübersehbar: die Umzingelung von Paris

Das Gewirr von Mansarden, tönernen Kaminröhren, Zinkblech und Antennen macht den Reiz der Dächer von Paris aus.

Auch aus der Passantenperspektive offenbart sich die Dächervielfalt

Ab 1902 werden die Dächer üppiger. Bis dahin war zur Festlegung des Dachvolumens ein Kreisdurchmesser (r = ½ Straßenbreite) definiert.

Marie ist Concierge in einem Geschäftshaus an der Rue d'Uzès

Im Piscine Pontoise im Quartier Latin wurden Szenen des Films „Drei Farben-Blau" gedreht

Die Grande Arche de la Defense Könnte problemlos Notre-Dame überdachen

Ein Zeltdach, die „Wolke", soll die gewaltigen Dimensionen mildern

Das Kupfergedeckte Dach des „griechischen Tempels" La Madeleine

Darunter verbergen sich düstere Gewölbe und ein „moderner" Eisendachstuhl

Das verglaste Atrium des Rathauses im 18. Arrondissement bietet festliches Ambiente

In einem unscheinbaren Betonwürfel des Hochhausviertels „les Olympiades“ versteckt sich ein buddhistischer Tempel

Olympischer Plattenbau

Für die neuen Türme und Riegel wurde das Terrassendach zur Regel, nur mutierte es leider zum Flachdach: vergessen die Visionen vom luftigen Leben auf dem Dach, von Freizeit, Spiel und Erholung. Weder Gärten noch Schwimmbäder entstanden. Die Flachdächer wurden mit Kies bedeckt, ansonsten gibt es dort nur Antennen und Entlüftungsanlagen.

Besonders stolz waren die Gurus der Vertikale auf die Operation ***Les Olympiades***, ein aus dem Boden gestampftes Hochhausquartier südlich der ***Place d'Italie***. Appartements plus Einkaufszentrum plus Bowlingbahn plus Tiefgaragen, durch Betondeckel getrennt, durch Rolltreppen verbunden, „das in Frankreich einmalige Beispiel eines innerstädtischen Wohn-Sport-Freizeitkomplexes" jubelte die Presse. Moderne junge Mittelschichtpaare sollten angelockt werden. Den Türmen hatte man Namen von Olympia-Städten gegeben, das machte einen sportlich-dynamischen Eindruck. Indessen: die modernen jungen Mittelschichtpaare ließen auf sich warten.

Der weltpolitische Zufall wollte es aber, daß zu jener Zeit Tausende von chinesisch-stämmigen ***Boat people*** in Frankreich aufgenommen wurden. Die waren nicht wählerisch und zogen in die verschmähten Olympia-Türme, Hauptsache, ein Dach überm Kopf. Das verkorkste 'Manhattan' des 13. Arrondissements wurde so von den Chinesen aus Vietnam und Kambodscha gerettet und mit Leben erfüllt. Was nicht heißt, daß in den inzwischen schon etwas fleckigen und angestoßenen Gebäuden ausschließlich Asiaten wohnen. Es gibt dort durchaus auch Normalfranzosen. Da ist zum Beispiel Jean-Luc, ein Journalist, der 1979 in einen dieser Türme gezogen ist und damals die Ankunft der ersten Flüchtlinge miterlebte. Seither ist er zu einem Experten für asiatische Küche geworden. Er gibt aber zu, daß ihm der Zustrom manchmal wie eine Invasion vorgekommen ist. Es kamen immer mehr, und sie übernahmen so gut wie alle Geschäfte. Trotzdem sieht er eher Vorteile. Das Zusammenleben sei relativ problemlos, auch wenn sich die Kontakte in Grenzen hielten. Es gebe auch Franzosen im Haus, die beklagten sich über den Lärm von Nähmaschinen spät in der Nacht. Viele der kleinen Wohnungen in den bis zu dreißig Etagen hohen Türmen dienen in der Tat als Werkstätten, wo für die Fabrikanten des Textilviertels ***Sentier*** gearbeitet wird. „Bißchen illegal", meint Jean-Luc, aber für viele ist es ein Einstieg, bevor sie dann ein eigenes Geschäft aufmachen."

Chinatown im Hochhausviertel „Les Olympiades"

Die Brüder Tang haben ihr eigenes Geschäft schon 1976 aufgemacht: in einem winzigen Lädchen verkauften sie Sojasauce. Jetzt gehört ihnen das Imperium ***Tang Frères***, das den Lebensmittelhandel dominiert. Das meiste Gedränge herrscht in ihrem Hinterhof-Supermarkt der ***Avenue d'Ivry***, einem alten Eisenbahn-Lagerschuppen. Das Angebot ist komplett und reicht von Reis in Zentnersäcken über Trockenfisch, Tofu und Durian bis zu Glückskuchen und Sorgho-Schnaps.

Die steinreich gewordenen Brüder gehören zu den mächtigsten Mitgliedern des Teochew-Freundschaftsvereins, der einflußreichsten Organisation der Pariser Chinatown. Der Eingang zu den Clubräumen befindet sich in einem unauffälligen Betonkubus der ***Olympiades***-Anlage, im Inneren verbirgt sich ein großer, als Pagode genutzter Raum mit goldenen Buddhas, roten Gebetsfahnen, Räucherstäbchen: Es könnte im Saigoner Chinesenviertel Cholon sein, ist aber in einem schäbigen Betonplattenbau im Südosten von Paris.

Neue Dächer des Imperators

Der Rauch von Grillwürstchen hebt sich in den blauen Himmel, während von einer Freilichtbühne Salsa, Rai, Rap, Zouk oder andere Ethno-Klänge herüberschallen. Eine kaukasisch-maghrebinisch-afrikanisch-asiatisch durchmischte Menge lagert auf den Rasenflächen des ***Parc de la Villette***. An Sommerwochenenden findet zwischen Überbleibseln des früheren Schlachthofs und postmoderner Spektakelarchitektur ein unorganisiertes Massenpicknick statt.

Als mit der Herrichtung der alten ***abattoirs*** begonnen wurde, hatte niemand geahnt, daß dieser einst so rauhe und finstere Ort einmal so populär werden würde. Was diesen Kulturpark so originell macht, ist die Ansammlung verschiedenartigster Gebäude. Deutlichstes Relikt aus Schlachthof- und Viehmarktzeiten ist die ergreifende ***Grande Halle***, die über zweihundert Meter lange lichtdurchströmte Rinderkathedrale aus Eisen und Glas, in der Tausende von Tieren geparkt wurden, bevor man sie zu ***Entrecôte***, ***Faux-Filet*** oder ***Boeuf Bourguignon*** verarbeitete. Heute ist aus der 1867 gebauten Viehhalle eine modulierbare Ausstellungsfläche geworden.

Eigentlicher Anlaß zur Schaffung des Parks war ein unnützes Betongerüst: der am Bedarf vorbei konstruierte Neubau der Schlachthofauktionshalle, durch den der Name ***La Villette*** eine Zeitlang gleichbedeutend war mit öffentlichem Planungsskandal. Um das lästige Mahnmal verschwinden zu lassen, wurde das Gerippe in ein Technikmuseum eingebaut. In der ***Cité des Sciences***, einer raffinierten Großraumstruktur des Architekten Adrien Fainsilber, ist davon nichts mehr zu erkennen. Viel gepriesen ist die Deckengestaltung des mächtigen Kastens: Zwei große drehbare „Laternen", die sich am Stand der Sonne ausrichten, lassen das Licht von oben auf das Allerheiligste fallen – die ausgestellten Objekte der technischen Zivilisation.

Techniktempel Cité des Sciences, Parc de la Villette

Der Park von ***La Villette***, wiewohl als Projekt vom Vorgänger Giscard d'Estaing übernommen, war eine von François Mitterrands großen Kulturbaustellen. Die Präsentation technischer Errungenschaften, die zusammengewürfelte Show-Architektur sowie das Gemisch aus kultureller Andacht, Belehrung und Amüsement erinnern an die Expos von einst.

Die siberne Kugel des Rundumkinos ***La Géode*** scheint sogar den ***Globe céleste*** zu zitieren, ein Kugelgebäude, das bei der Weltausstellung von 1900 neben dem Eiffelturm stand. Dem Publikum wurden damals auf der Innenfläche die Bewegungen der Planeten geboten: „Rund um uns dehnt sich der unendliche Raum, beunruhigend, rätselhaft", schrieb eine Zeitung. Auch in der heutigen ***Géode*** werden die Zuschauer mit Weltraumfilmen traktiert.

Solche Parallelen sind sicher kein Zufall. Tradition und Geist der Expos waren dem großen Bauherrn im Elysée-Palast nicht fremd. „In jeder Stadt fühle ich mich als Imperator und Architekt. Ich trenne, schneide und entscheide", hatte Mitterrand einmal geschrieben. Und wie weiland der Imperator Napoleon III, dem er sich wohl insgeheim verwandt fühlte, wollte auch er Schöpfer einer Weltausstellung sein. Hundert Jahre nach dem Bau des Eiffelturms sollte sie stattfinden, zum 200. Jubiläum der Französischen Revolution. Zu seinem Ärger wurde nichts daraus. Die Planung war weit fortgeschritten, aber Jacques Chirac, sein Gegner im Pariser Rathaus, legte sich quer und ließ die Sache platzen. Immerhin blieben dem Präsidenten die ***Grands Travaux***, seine Kulturbauten, in denen sich sein Hang zur großen Geste und urbanistischen Theatralik manifestieren konnte.

Paris war stets eine Spielwiese für die Selbstdarstellung seiner Herrscher, hier baute die Macht. Mitterrand, als Wahlmonarch der 5. Republik, konnte daran aufs schönste anknüpfen. Zwölf Großobjekte ließ er bauen und hat für 30 Milliarden Francs seiner Metropole einige bemerkenswerte neue Kopfbedeckungen aufgesetzt.

Die vielleicht gelungenste von allen ist die Pyramide zwischen den Louvreflügeln, zumindest wird sie von allen Präsidentenbauten am meisten gelobt. Wie selbstverständlich gehört das kristalline Gebilde im Schloßhof inzwischen zu den Touristenattraktionen. Na klar, die Louvre-Pyramide! Pariser Symbol! Längst vergessen ist, wie heftig die Proteste, wie laut die Beschimpfungen waren, als bekannt wurde, wofür sich der oberste Bauherr einsam und undemokratisch entschieden hatte. Der US-Chinese Ieoh Ming Pei verweigert grundsätzlich die Teilnahme an Wettbewerben. Ihn aber und sein Pyramiden-Konzept wollte Mitterrand unbedingt haben. Also wurde das Bauvorhaben unter Geheimhaltung vorangetrieben, bis es nicht mehr rückgängig zu machen war.

Gralshüter der Tradition und politische Gegner hoben ein wildes Gezeter an. „Pyramidale Dummheit!“ schäumte ein Kunstprofessor. „Modernistischer Gag!“ Ein Verein namens „SOS Paris“ trat zum Kampf an gegen die „Käseglocke“, die „importierte Metall-Architektur“. Es wurde über „Mitterramses den Ersten“ hergezogen, Die katholische Ultrarechte witterte gar Freimaurer-Symbolik. Den Präsidenten ließ das alles unberührt. Alle Jahrhunderte hatten am Louvre weitergebaut und herumgedoktert, warum nicht auch er?

Tatsächlich ist Peis Komplex aus Pyramide und neuer Eingangszone ein Meisterwerk. Zum einen fällt Tageslicht in den Untergrund und bildet Dreiecks- und Rautenmuster auf dem Boden, zum anderen sieht der Besucher die majestätischen Louvregebäude von unten durchs Metallskelett des Glashauses. Der Empfangsbereich wirkt dadurch luftig und attraktiv, auch wenn er mit seinem ausgedehnten Kommerzsektor wenig von einem Museum und eher etwas von einem Bahnhof oder Airport hat. Bis zu seiner durch Mitterrand veranlaßten Herrichtung war der Louvre freilich, wie der „Spiegel“ schrieb, das „besucherfeindlichste, schmutzigste und verwahrloseste aller großen Kunstmuseen“.

Louvre-Pyramide des Architekten I. M. Pei

Eine spezielle nichtreflektierende Glassorte wurde eigens für die Pyramide entwickelt, wozu die Glasindustrie längst aufgegebene Verfahren wiederbeleben mußte. Die nach Altväterart handgeschliffenen 673 Scheiben wurden mit Computerhilfe so zusammengefügt, daß eine diamantglatte Oberfläche entstand. Maximale Transparenz war das Ziel. „Die Pyramide hat dieselben Launen wie der Himmel von Paris“, sagt der Architekt zufrieden. „Sie ist wie ein lebender Organismus, und deshalb denke ich, daß sie gelungen ist“.

Als zumindest architektonisch gelungen gilt auch die ***Grande Arche*** von ***La Défense***, die weder transparent noch leicht ist, sondern kompakt und klotzig. Wie kleine Käfer krabbeln die Menschen eine monumentale Freitreppe hinauf in die Öffnung des marmorverkleideten Kubus. Gläserne Aufzug-Kapseln gleiten im Freien zwischen offenem Gestänge zum Dach in 110 Meter Höhe. Es ist einen ganzen Hektar groß und gestattet einen Blick auf die Pariser Herrschaftsachse von ihrem Endpunkt aus. Der wuchtige Würfel des dänischen Architekten Johan Otto von Spreckelsen ist das dritte und größte Tor auf der am Louvre beginnenden Magistrale. Eine erhabene, feierliche Geste irgendwie. Aber was wird hier gefeiert? Ein „Fenster zur Welt“ sollte das Marmortor ursprünglich sein, ein internationales Forum der Kommunikationsmedien. Aber Jacques

Chirac – schon wieder er! – kippte das Projekt, als er 1986 für kurze Zeit Premierminister wurde. Wirtschaftsliberalismus war angesagt. Der heranwachsende Hohlklotz sollte rentabel sein, keine kostspieligen Flausen bitte! So wurden die beiden Beine der „Arche" nun ganz banal als Büroflächen vermietet. Die Symbolik eines Tors der Humanität, eines Treffpunkts der Kulturen war dahin. Es gelang zudem, den Architekten wegzuekeln. Verbittert zog sich von Spreckelsen zurück und starb vor Fertigstellung seines verfremdeten Werks. In der Dachetage ist immerhin noch eine Stiftung für die Menschenrechte untergebracht mit einer permanenten Ausstellung.

Darf man fragen, welches der soziale Sinn solcher Bauwerke ist? „Diese monumentalen Gebäude werden von unserer Dynamik und unserem Vertrauen in die Zukunft zeugen. Sie werden unserem Land helfen, die großen derzeitigen Mutationen zu bewältigen und in die neue Ära einzutreten, die sich vor unseren Augen abzeichnet", hatte Mitterrand deklariert. Sicher ist bislang, daß dieses Dutzend neuer Monumente von François Mitterrands höchstpersönlichem Wunsch zeugt, als Paris-Gestalter und Initiator architektonischer Wahrzeichen in die Geschichte einzugehen. Aber es steckt darin auch etwas Beschwörendes: Die neuen Denkmäler sollen Enthusiasmus und Optimismus herbeizaubern. „Hier sind offensichtlich Leute am Werk, die an die Rauschzustände des beginnenden Jahrhunderts anschließen und die Massen mit Größe, Pracht und Triumphgefühlen vereinnahmen wollen", bemerkte sehr richtig die Berliner „taz". Das Volk, der große Lümmel, es soll, wie schon im Zweiten Kaiserreich, begeistert und verblüfft werden, nun freilich in Zeiten der Krise, wo die realen Verhältnisse wenig Anlaß zu Triumphgefühlen geben. Die enttäuschten Hoffnungen über die Politik des „sozialistischen" Präsidenten wurden überblendet vom Glanz seiner Demiurgentätigkeit.

Aber es ging natürlich nicht ausschließlich um individuelle Eitelkeit und den Drang, sich selbst Denkmäler zu setzen. Die Stadt sollte durch die Mitterrandschen Highlights auch besser gerüstet werden für den harten Konkurrenzkampf der Metropolen.

Paris, die Hauptstadt des 19. Jahrhunderts, wird in seiner aktuellsten Phase zu einer strahlenden Metropole des 21. Jahrhunderts aufgemöbelt. Auch wenn das schöne Bild ein wenig getrübt wird, zum Beispiel durch die sogenannten ***SDF***. Das in den allgemeinen Sprachgebrauch übergegangene Kürzel steht für ***sans domicile fixe***, gemeint sind die Obdachlosen, die man früher als ***Clochards*** romantisierte. Als ***SDF*** sind sie überhaupt nicht mehr romantisch, sie vermehren sich bedrohlich und stören die Harmonie der Lichterstadt, wo man es doch seit Haussmann verstanden hatte, unerfreuliche, unsaubere Elemente auszugrenzen. Sie sind schier allgegenwärtig, hausen auf Metrobahnsteigen, in Pappkartons oder unter den Vordächern der Bahnhöfe, lagern auf Entlüftungsgittern, taumeln aus Abbruchhäusern, kampieren in aufgegebenen Eisenbahntunneln. Sie verkaufen Obdachlosenzeitungen oder betteln und reißen einem zu diesem Zweck die Tür zum Supermarkt auf, auch lungern sie in unmittelbarer Nähe von Geldautomaten herum. Die Ruhe ist hin. Irgendwas scheint hier schiefzulaufen. Nun gut, die Perfektionierung der Stadt, die Entstehung eines geglätteten, saubergeputzten, musealen und kommerziellen Paris zweiten Grades vollzieht sich halt nicht ohne gewisse Widersprüche. Der zahlungskräftige Neo-Pariser will es typisch, schwärmt für das „Paris von früher", sandstrahlgereinigt und echter als echt. Aber bitte mit gepanzerten Türen und Zahlen-Codes.

Clochards, verlassene Bahnbaracke der „Petite Ceinture"

Dach-Recycling

Dennoch, bleiben wir gerecht: Die aktuelle Verschönerung von Paris, seine Herrichtung zur postindustriellen Vitrine, bringt es auch mit sich, daß manches wiederentdeckt und vor dem Abriß gerettet wird. Mit nostalgischem Interesse werden die Relikte des Industriezeitalters gehätschelt und neuer Verwendung zugeführt. Der Schlachthof wird zum Museum, die Fabrik zum Jazzclub, die ehemalige Kohlenhandlung zur Szenekneipe. Und sie legt Wert darauf, sich ***Café Charbon*** zu nennen, wegen der Aura des „alten Paris".

Vor allem Künstler sind rasch zur Stelle, wenn sich Gebäude für eine Umnutzung anbieten. Die Entindustrialisierung liefert ihnen Fabriketagen, aus denen geräumige Lofts werden können, so im ***Faubourg Saint Antoine***, dem einstigen Quartier der Möbelfabrikanten, oder in alten Arbeitervierteln wie ***Belleville***, ***Ménilmontant*** und ***Charonne***. Es dauert nicht lange, dann kommt das Quartier in Mode; die Künstler haben sich mal wieder als Vorhut der Immobilienspekulanten erwiesen.

Oft werden die alten Fabrikationsstätten und Lagerhäuser mit viel Phantasie und Geschmack umgestaltet. Die funktionale Industriearchitektur mit ihren großen überdachten Räumen bietet nicht nur vielfältige Nutzungsmöglichkeiten, sie gilt inzwischen auch als ästhetisch reizvoll. Architekten, Designer und Modehäuser haben sich in verglasten Hinterhöfen angesiedelt. Ein ehemaliger Hangar am Bassin von La Villette wurde jüngst unter Beibehaltung seiner alten Metallstruktur zum Filmtheater mit Gastronomiebetrieb umgerüstet. Abends strahlt das Lagerschuppen-Kino an der Metrostation „Stalingrad" magisch wie ein beleuchtetes Schiff. Wo früher aus Lastkähnen Kohle, Sand und Kartoffeln entladen wurden, sitzen schöne junge Menschen unter der ausladenden Gußeisen-Markise des alten Lagerhauses an Caféhaus-Tischen, während sich die Lichter des neuen Kulturtreffs dekorativ im Hafenbecken spiegeln.

Das „Flèche d'Or" im ehemaligen Bahnhof Charonne

Markante Beispiele für das Recycling von Relikten aus der Zeit der industriellen Revolution bietet schließlich auch die Eisenbahn. Von der ***Gare d'Orsay***, die sich ins ***Musée d'Orsay*** verwandelt hat, war ja schon die Rede. Aber da gibt es noch eine ganze Perlenkette vergessener Bahnhöfchen rund um die Stadt, an der Ringstrecke der ***Petite Ceinture***. Der „kleine Gürtel", 1934 aufgegeben, wurde ein verwilderter Grüngürtel und ein Rückzugsgebiet für Clochards. Die putzigen Gares verwandelten sich in Rattenlöcher, verfielen und verschwanden. Vor kurzem erlebten zwei stillgelegte Stationsgebäude eine Metamorphose, die dem neuen Interesse an romantischen Eisenbahngemäuern zu danken ist: sie wurden zu Jugendszene-Lokalen, allerdings sehr unterschiedlichen Charakters. Der alte Bahnhof ***Passy*** heißt jetzt ***La Gare***. In der früheren Schalterhalle schlürft die ***Jeunesse dorée*** des teuren 16. Arrondissements ihre Cocktails. Zwei Treppen führen auf die Bahnsteige, die Gleise sind abmontiert, unter den Bahnsteigdächern wird dejeuniert und diniert.

Gastronomisch genutzt wird seit 1996 auch der Bahnhof ***Charonne*** im Osten der Stadt. Hier sieht es anders aus: ***La Flèche d'Or*** nennt sich die Non-Profit-Kneipe in der alten Schalterhalle, die mit Signalen und anderen Eisenbahnutensilien verziert ist. Auf alten Sofas sitzen Menschen mit bunten Haaren. An der dichtbelagerten Theke pfeift sich ein abgerissener Rentner sein Bierchen rein, umrahmt von Mädchen in schwarzen Lederjacken, dazwischen springen Kleinkinder herum. ***La Flèche d'Or*** hieß ein Zug, der hier durchkam und nach Nordfrankreich fuhr.

Klar, daß auch das Kino auf die jüngsten Veränderungen von Paris reagiert. Cédric Klapish, Regie-Star des jungen französischen Films, siedelt die Protagonisten von ***Chacun cherche son chat*** in den früheren Werkräumen der Möbelschreiner im ***Faubourg Saint Antoine*** an. Der verschwundene Kater des Mädchens Chloé liefert den Vorwand, das Viertel mitsamt seinen Bewohnern – Rentnerinnen, Handwerkern, Nachwuchskünstlern, Marginalen – kreuz und quer zu erkunden. Das Quartier ist im Umbruch, wird mit Hilfe von Abrißbirnen entkernt, erste Modeboutiquen ziehen ein. Noch befindet es sich in einem Zwischenzustand, aber wer weiß, wie lange noch.

Dachszenen sind unverzichtbar. Klapish beginnt mit einer Totalen der Dächer des Quartiers samt bedrohlich aufragenden Baukränen. In einer Traumszene schaut Chloé von der Julisäule des Bastilleplatzes auf die sonnenbeschienene Stadt, deren Türme und Kuppeln sich wie Seezeichen aus dem Ozean aus Zink und Schiefer hervorheben – ein ergreifendes Bild, hoch oben von der Spitze des Revolutionsmonuments. Trotz aller Transformationen da unten wirkt Paris aus luftiger Höhe betrachtet einen magischen Moment lang unverrückbar und zeitlos; sein glitzerndes Meer aus grauen Dächern scheint sich grenzenlos fortzusetzen.

Und wo wird Chloés Kater gesucht? Auf den Dächern natürlich. Selbstverständlich kommt dabei jemand ins Straucheln, rutscht auf dem schrägen Zinkblech ab und klammert sich mit letzter Kraft an der Traufe, wie weiland Belmondo. „Ruhig bleiben! Schau nicht nach unten! Halt dich gut fest, diese Dachrinnen sind solide!“ rufen die Leute von unten, bis ihn die Feuerwehr rettet... ■

Merci!

Um unter die Dächer der geschlossenen Auster Paris zu gelangen, bedurfte es des Verständnisses und der Hilfe vieler. Mein besonderer Dank geht an das ***Goethe-Institut Paris***, insbesondere an dessen langjährigen Kulturbeauftragten, Michael Thoss, der sich persönlich und im Namen dieser deutschen Kulturinstitution für dieses Projekt engagiert hat und mir, einem in Paris unbekannten Fotografen, für die zahllosen Anträge quasi die Visitenkarte lieferte. Die Entscheidungsträger in der ***Mairie de Paris*** zeigten sich meinem Fotoprojekt überraschend aufgeschlossen und hilfsbereit. Paris ist eine zentralistische Hauptstadt mit Bürokratie, Kompetenzgerangel und unergründlichen Dienstwegen. Genehmigungen bedeuten deshalb oft persönliches Engagement der jeweiligen ***Responsables.*** Aus diesem Grund möchte ich an dieser Stelle allen, die mir Zugang mit der Kamera erlaubten, ganz persönlich danken. Und natürlich auch all denen, die mich unter die Dächer begleitet haben oder die mir mit wertvollen Hinweisen und ***Connections*** geholfen haben:

Jean Agard, Richard Alexandre, Marc Anjolini, Eheleute André, Margarida Azcona, J. Bagnarosa, Ursula Baus, Brigitte Beauvillain, Père Bénéteau, Daniel Bourbon, Geneviève Boulinier, Marc Brabant, Patrick Chauvet, Nathalie Darzac, Abdi Anthiomane Drame, M. de Castelbajac, C. Colombon, Serge Courroux, Mme Deguiteau, Jean-Pierre Delahègue, M. Demétriades, Jeanette Deniaud, Klaus Druhmann, Roland Ferrari, Benjamin Galvez Villanueva, Finn Geipel, Francine Goujon, Georg + Anne Hallensleben, Gerd Held, Norbert Henrot, M. Herbert, Marie Jacquinot, Marcelo Joulia, Guy Jusseau, M Jouin, Assemblé, Bénédicte Klainer, Martine Mabilleaud, Frédéric Maquette, M. Mariot, Frank Metayer, Nicolas Michelin, André Michelin, Lisa Mielsch, Ludovic Milliet, Michel Moire, Père Mollat du Jardin, Najulan Nabaghy, Philippe Lériche, Michel Lemaire, Johanna Schramm, Yann Padova, Evelyne Paris, Denis Pasquier, Familie Peponnet, Corinne Picard, Emanuelle Pierre, Catherine Pierre, Christian Poncet, Andrée Putman, Marie-Christine Rabot, Dominique Rache, Bruno Ravail, Luc Richard, Klaus-Peter Roos, Jean-Pierre Roze, Père Roumanet, Jean Loup Roubert, Tessa Rueff, Mme Ruscassier, Christian Schirm, Angela Schwarz, Jean Seither, Mme Serrue, Alexander Smoltczyk, Sylvie Soulignac, Aurélie Tournier, Joachim Umlauf, Sophie Wronecki.

Blick vom Hotel du Louvre über eine typische, Haussmann-Achse zur Opéra Garnier

Der Blick aus der Vogelperspektive über die Dächer von Paris ist von den zehn öffentlichen Aussichtspunkten der Stadt – gute Sicht vorausgesetzt – fast immer ein Erlebnis. Zuweilen ist das Hinauf über enge Wendeltreppen schon Teil des Erlebnisses, neue Perspektiven müssen erarbeitet werden. Ein blauer Himmel ist allerdings keine Garantie für gute Sicht, denn bei ausgeprägtem Hochdruckwetter liegt schon nach zwei Tagen eine dichte Dunst- und Abgasglocke über der Stadt und verhindert weite Ausblicke. Optimal ist ein 'Nachfrontenwetter', dann sorgen kalte Luftströmungen und Wind für Weitblick.

Bellevues

Notre Dame
Eine zunehmend engere Wendeltreppe führt hinauf auf den Umgang zwischen den Türmen und schließlich im rechten Turm auf die 69 Meter hohe Dachplattform. Geöffnet: 8–19 Uhr, im Winter bis 9.30–17.00, samstags bis 14 Uhr. Metro: Cité.

Institut du Monde Arabe
Wunderbare Aussichtsterrasse mit ***Salon de Thé***. Bei einer Tasse Tee mit Minze geht der Blick über die Seine hinüber zur le de la Cité und Notre Dame. Öffnungszeiten: 10–18 Uhr, montags geschlossen. Metro: Jussieu

Grande Arche de la Défense
Mit dem Aufzug geht es in kurzer Zeit hinauf auf die 110 Meter hohe Dachplattform mit Blick über die große Achse. Öffnungszeiten an Werktagen von 10–17 Uhr, Dienstag geschlossen. Metro: Grande Arche de la Défense.

Kaufhaus Samaritaine
Von der Dachterrasse im 10. Stock des Kaufhauses hat man zum Nulltarif einen der schönsten Ausblicke über die Dächer von Paris, zudem noch einen 360°-Rundumblick. Ganzjährig während der Kaufhaus-Öffnungszeiten. Metro: Pont Neuf

Kaufhaus Le Printemps
Die Aussicht von der Aussichtsterrasse und vom Café-Restaurant ist zwar nicht ganz so spektakulär wie die der ***Samaritaine***, dafür erlaubt er der Blick in die Schlucht des Boulevard Haussmann und hinüber zur Église de la Madeleine. Geöffnet ganzjährig während der Öffnungszeiten. Metro: Havre-Caumartin.

Arc de Triomphe
Blick aus 50 Meter Höhe über den Étoile und die großen Achsen, nach Osten zum Louvre und nach Westen zur Grande Arche. Öffnungszeiten von 10–22 Uhr, sonntags und montags nur bis 18.00 Uhr. Metro: Ch. de Gaulle-Étoile.

Sacré-Coeur
Höchster Punkt des Pariser Nordens. Schon von den Freitreppen hat man einen guten Ausblick, ganzjährig und rund um die Uhr. Lohnend ist auch der Kuppel-Umgang, der von 9–18 Uhr, im Sommer bis 19 Uhr offen ist. Metro: Anvers.

Centre Pompidou
Eindrucksvoller Blick über die Stadt, unmittelbar über den Stadtteil Beaubourg. Über die Rolltreppen ist die oberste Plattform in 33 Meter Höhe kostenlos zu erreichen. Bis 1999 ist das Centre Pompidou allerdings wegen Renovierung geschlossen. Metro: Rambuteau.

Tour Eiffel
Bei gutem Wetter wartet man eigentlich ständig in langen Schlangen, um per Aufzug oder zu Fuß auf die unterschiedlichen Plattformen des Tour Eiffel zu gelangen. Von der 278 Meter hohen dritten Plattform hat man einen grandiosen Rundblick. Aber auch die 2. Plattform (115 Meter) und 1. Etage (57 Meter) haben ihren besonderen Reiz. Auf der untersten Plattform ist man den Dächern der Umgebung am nächsten, genießt die Details und auch die perspektivische Dichte der Dächer. Öffnungszeiten: täglich 9.30–23 Uhr. RER: Champ de Mars, Metro: Bir-Hakeim.

Tour Montparnasse
Wie ein Fremdkörper ragt der Montparnasse-Turm aus der Stadtsilhouette heraus, das garantiert allerdings auch gute Aussicht. Im Express-Fahrstuhl ist man in wenigen Sekunden im 56. Stock. Von dort führt eine Treppe zur offenen Aussichtsterrasse im 59. Stock, 209 Meter hoch. Öffnungszeiten: 9.30–22.30 Uhr, im Sommer 9.30–23.30 Uhr. Metro: Montparnasse-Bienvenüe.

Günter Liehr

geboren 1949 in Göttingen.

Studierte in Bonn Literaturwissenschaften und lebt seit 1977 in Paris. Diverse Aufsätze über Geschichte und Ästhetik der Fotografie sowie zum Paris-Urbanismus. Schreibt für verschiedene Zeitschriften über politische und kulturelle Frankreich-Themen. Günter Liehr ist Autor von drei Büchern in der Reihe Anders reisen (rororo): Paris, Frankreich und Südfrankreich. Er ist Mitarbeiter verschiedener deutscher Rundfunkanstalten und seit 1989 Redakteur beim französischen Rundfunksender ***Radio France Internationale***.

Karl Johaentges

geboren 1948 in Daun/Eifel.

Den Beruf des Architekten hat Karl Johaentges vor über 14 Jahren 'an den Nagel gehängt' und arbeitet seitdem als Fotograf und Verleger in Hannover. Seitdem hat er im KaJo-Verlag und in Zusammenarbeit mit seiner australischen Partnerin Jackie Blackwood sowie anderen Fotografen und Autoren 22 Bildbände herausgebracht. Drei dieser Bände wurden mit einem Kodak-Fotobuchpreis ausgezeichnet. Neben eigenen Buchprojekten fotografiert er regelmäßig Reportagen, die in zahlreichen Magazinen (u. a. Merian, ZEITmagazin, Globo, Geo-Saison, Cosmopolitan, Fit for Fun, Brigitte) veröffentlicht wurden.
1990 gründete Johaentges mit 18 anderen Fotografen die ***Bildagentur der Fotografen LOOK*** in München (089-544233-0), die seitdem sein gesamtes Bildmaterial archiviert und anbietet. Im Herbst 1996 gab er seine verlegerische Aufgaben an den Stürtz-Verlag in Würzburg ab, um sich wieder verstärkt herausgeberischen Aufgaben und vor allem der Fotografie widmen zu können. Für den Stürtz-Verlag fotografiert er auch Bildbände der LOOK-Reihe. Der Fotograf ist Mitglied bei ***FreeLens*** und im ***BFF***.

Fotografie

Paris kennt man einfach. Es gibt kaum eine andere Stadt, die so konsequent – bis in die letzten Details – durchfotografiert worden ist. Alles déjà vu! Das legt die Meßlatte für einen weiteren Paris-Bildband hoch.

Meine Annäherung über die Dächer erklärt sich ein wenig aus meinem ehemaligen Architektenberuf und dem Interesse für besondere Räume und Konstruktionen. Die Metiers des Architekten und Fotografen arbeiten zwar mit sehr unterschiedlichem Handwerkszeug, gemeinsam ist ihnen jedoch die Aufgabe, dreidimensionale Räume in zweidimensionale Fläche zu übersetzen. Oder anders: sowohl Architekt als auch Fotograf müssen die Fähigkeit haben, erdachte oder tatsächliche Räume als solche darzustellen, sei es nun in Zeichnungen oder beim Bemühen, dem fotografischen Abbild durch Tiefe eine überzeugende Räumlichkeit zu geben.

Zeit ist ein extrem wichtiger, aber häufig vernachlässigter Faktor beim Fotografieren. Viel Zeit hat allein die Recherche verschlungen, auch den Aufwand für die zahllosen Anträge, Briefe und Anrufe hatte ich unterschätzt. Erstaunlich war die Erfahrung, daß die Pariser Hochsicherheitszonen meinem Projekt weit aufgeschlossener gegenüberstanden als Behörden und Ministerien im Kulturbereich. Der Zugang zu diversen Universitäten wurde aus 'Sicherheitsgründen' oft abgelehnt, eigentlich sensiblere Bereiche wie Parlament oder Gerichtshof gewährten mir großzügig einen Blick in ihre Oberstübchen. Häufig waren es Feuerwehrmänner, die mich unter und auf den Dächern führten. Der Stundenlohn dieser Begleiter wurde mir in einigen Fällen in Rechnung gestellt, dagegen ist nichts zu sagen. Die Aufnahmen in der Kuppel des Panthéon scheiterten allerdings an den astronomischen Forderungen: 7.000 Frs. für eine halbtägige Fotogenehmigung.

Zur rechten Zeit am rechten Ort sein ist in einer Stadt wie Paris weit schwieriger als beispielsweise in den Highlands von Schottland. Denn selbst dann, wenn man endlich eine Fotogenehmigung in der Tasche hat, muß man auch zur richtigen Zeit an Türcodes, Sprechanlagen und Hausmeister vorbei in die oberen Etagen gelangen.

Die Pariser Dächer sind von erhöhten Aussichtspunkten erstaunlich schwierig zu fotografieren. In der steilen, prallen Mittagssonne eines wolkenlosen Tages oder an trüben, wolkenverhangenen Tagen fehlt es der Dachlandschaft an Kontur und Kontrast. Erst das Schräglicht der Abend- oder Morgensonne modelliert das Grau in eine plastische Landschaft. Dies machte die Sache im Sommer schwierig. Denn in den Sommermonaten sind die Hausmeister und Feuerwehrleute, die mich bei meinen Ausflügen auf den Dächern begleiteten, längst im Bistro oder zu Hause, wenn die Sonne tief genug steht. Die meisten Bilder entstanden deshalb notgedrungen in den Monaten November, Dezember und Februar. Und dies hatte wiederum viel Wartezeit zur Folge, denn der Winter 97/98 war arg verhangen.

Fotografiert habe ich fast ausschließlich mit meiner bewährten Leica-Ausrüstung. In diesem Falle mit der neuen Leica R8, deren Spot- bzw. 5-Feld-Messung sich in Räumen als sehr zuverlässig erwies. Wegen der Gefahr von Verwacklungsunschärfen aufgrund langer Belichtungszeiten waren auch die Spiegelvorauslösung der R8 und der um zwei Sekunden verzögerte Selbstauslöser hilfreich.

In Räumen habe ich meist auf Weitwinkelobjektive zurückgegriffen: 15 mm-Super–Elmarit, 19 mm-Elmarit und zwei 28 mm-Objektive (ein normales Elmarit und ein Shift-Objektiv PC-Super-Angulon zum Ausgleich stürzender Linien). War indirektes Blitzen zum Aufhellen von Innenräumen notwendig, arbeitete ich mit einer kleinen, tragbaren Akku-Blitzanlage (Lumedyne) mit zwei Blitzköpfen. Die Lichtmessung erfolgte in diesem Fall mit einem Minolta Flashmeter IV oder dem eingebauten Blitzbelichtungsmesser der R8.

Über den Dächern fotografierte ich gerne mit langen Brennweiten. Sie eignen sich, die Dachlandschaft (von einem nicht zu hoch liegenden Standpunkt) zu komprimieren. Die längste genutzte Brennweite war ein auf 400 mm konvertiertes 280er Teleobjektiv. Sehr wichtig ist dabei ein stabiles (wegen der meist sehr engen Wendeltreppen) allerdings auch handliches Stativ.

Ja, das Stativ! Ein solches gilt in Paris als Beweis für professionelles Arbeiten, und das erfordert im Prinzip eine gebührenpflichtige 'Autorisation' des Bürgermeisteramts. Selbst auf der Straße bin ich mehrfach von Polizisten angehalten und wegen nicht genehmigter Stativbenutzung verwarnt worden.

Als Filmmaterial kam der Fuji-Sensia 100 II (auf 80 ASA belichtet) und der sehr feinkörnige (aber auch langsame) Fuji-Velvia (auf 40 ASA) zum Einsatz.

Nicht zuletzt waren die reaktivierten Überbleibsel meines Schulfranzösisch wichtig für das Gelingen. Franzosen reagieren recht sensibel auf das Übergehen ihrer Sprache. Aber schon holprige Kommunikationsversuche auf Französisch werden gewürdigt. Meinem grammatikalisch hoffnungslosen Gestammel am Telefon begegneten sie jedenfalls stets mit viel Sympathie und Hilfsbereitschaft.

Karl Johaentges

die besonderen Bildbände!

Hardcover, 204 Seiten mit über 220 Farbfotos
ISBN 3-8003-0809-6
DM 39,80

Hardcover, 144 Seiten mit über 160 Farbfotos
ISBN 3-8003-0793-6
DM 39,80

Vom Appalachian-Wanderweg über Pacific Trails bis zur legendären Route 66 stellen Karl Johaentges und Bernhard Schmidt historische und moderne Verkehrswege in den USA vor. Die wunderschönen Reportagefotos vermitteln viel Stimmung, daß man sofort losfahren möchte.

STERN 8/98

Ein spannendes, exzellent bebildertes Buch beschreibt die Straßen der Sehnsucht ... Ein mit viel Liebe gestalteter Bildband von Karl Johaentges mit anspruchsvollem Text von Bernhard Schmidt.

BRIGITTE 23/97

Einfach großartig, die Fotos, die auf verschiedenen Routen quer durch die USA entstanden sind. Das bislang dickste KaJo-Buch „American Trails" wartet erstmals mit klassischen Reiseführer-Elementen auf: 12 Gelbe Seiten und 15 Trails mit Historischem und Routenbeschreibungen.

TOURS 5/97

Während die kundigen Texte über die Strapazen der Reisepioniere und die Freuden der heutigen Touristen erzählen, zeigen die Bilder ein Kaleidoskop Amerikas. Auch das Nach-Reisen wird leicht gemacht, weil es zu jedem Trail kurze Beschreibungen, Literaturhinweise und nützliche Adressen gibt. „American Trails" ist zweifellos eines der besten USA-Bücher, die 1997 in Deutschland erschienen sind.

SÜDDEUTSCHE ZEITUNG 15/98

Sein Bildband „Bilder aus Hongkong" ist eine einfühlsame Darstellung Hongkongs vor dem Machtwechsel. Lesevergnügen bietet der Text von „Spiegel"-Reporter Erich Follath und Ehefrau Marieanne.

FIT FOR FUN 9/97

... sind die „Bilder aus Hongkong" keine gewöhnliche Publikation unter vielen. Wie bereits bei allen anderen Büchern von Karl Johaentges hat man das Gefühl, tatsächlich zu reisen. Ohne Hast und Eile, fundiert und ansprechend bebildert.

Photonews 4/97

Johaentges zeigt mehr und anderes als ein Tourist in den üblichen fünf Tagen Hongkong erleben kann. Vor allem fängt er die Atmosphäre der Stadt ein. Auch wer keine Gelegenheit zum Besuch hatte, wird angesichts der „Bilder aus Hongkong" glauben, die Düfte, den Lärm, die Enge und Dynamik dieser aufregendsten Metropole der Welt zu spüren.

Frankfurter Rundschau 27/97

Kajo bei Stürtz 97080 Würzburg, Beethovenstraße 5, Tel. (09 31) 385 235, Fax (09 31) 385 305

Hardcover, 184 Seiten mit 150 Farb- + S/W-Fotos
ISBN 3-925544-14-3 DM 39,80

Hardcover, 192 Seiten mit 170 Farb- + S/W-Fotos
ISBN 3-925544-19-4 DM 39,80

Hardcover, 108 Seiten mit 100 Farb- + S/W-Fotos
ISBN 3-925544-09-7 DM 39,80

Hardcover, 180 Seiten mit 156 Farb- + S/W-Fotos
ISBN 3-925544-04-6 DM 39,80

Hardcover, 156 Seiten mit 140 Farb- + S/W-Fotos
ISBN 3-925544-10-0 DM 39,80

Hardcover, 156 Seiten mit 140 Farb- + S/W-Fotos
ISBN 3-925544-15-1 DM 39,80

Hardcover, 156 Seiten mit 140 Farb- + S/W-Fotos
ISBN 3-925544-05-4 DM 39,80

Hardcover, 156 Seiten mit 140 Farb- + S/W-Fotos
ISBN 3-925544-06-2 DM 39,80

Hardcover, 156 Seiten mit 120 Farb- + S/W-Fotos
ISBN 3-8003-0796-0 DM 39,80

Hardcover, 180 Seiten mit 170 Farb- + S/W-Fotos
ISBN 3-8003-0795-2 DM 29,80

Hardcover, 184 Seiten mit 170 Farb- + S/W-Fotos
ISBN 3-8003-0794-4 DM 29,80

Hardcover, 192 Seiten mit 150 Farb- + S/W-Fotos
ISBN 3-8003-0797-9 DM 29,80

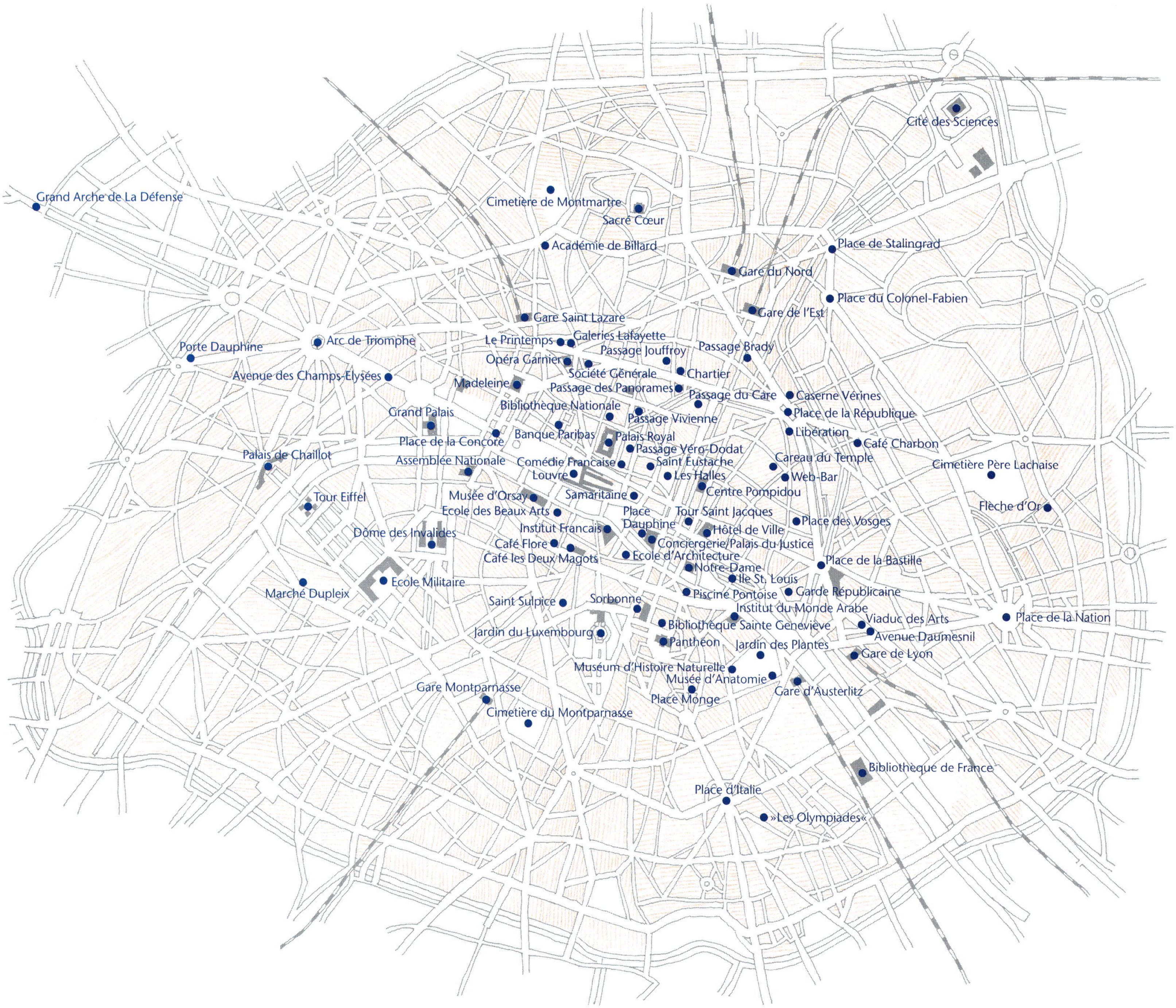
Cité des Sciences
Grand Arche de La Défense
Cimetière de Montmartre
Sacré Cœur
Académie de Billard
Place de Stalingrad
Gare du Nord
Place du Colonel-Fabien
Gare Saint Lazare
Gare de l'Est
Porte Dauphine
Arc de Triomphe
Le Printemps
Galeries Lafayette
Passage Brady
Opéra Garnier
Passage Jouffroy
Avenue des Champs-Elysées
Société Générale
Chartier
Madeleine
Passage des Panoramas
Passage du Caire
Caserne Vérines
Bibliothèque Nationale
Place de la République
Grand Palais
Passage Vivienne
Banque Paribas
Libération
Palais Royal
Place de la Concorde
Café Charbon
Palais de Chaillot
Passage Véro-Dodat
Assemblée Nationale
Comédie Française
Saint Eustache
Careau du Temple
Cimetière Père Lachaise
Louvre
Les Halles
Web-Bar
Centre Pompidou
Tour Eiffel
Musée d'Orsay
Samaritaine
Flèche d'Or
Ecole des Beaux Arts
Place Dauphine
Tour Saint Jacques
Place des Vosges
Institut Français
Hôtel de Ville
Dôme des Invalides
Café Flore
Conciergerie/Palais du Justice
Café les Deux Magots
Ecole d'Architecture
Place de la Bastille
Notre-Dame
Ile St. Louis
Ecole Militaire
Marché Dupleix
Piscine Pontoise
Garde Républicaine
Saint Sulpice
Sorbonne
Institut du Monde Arabe
Place de la Nation
Viaduc des Arts
Bibliothèque Sainte Geneviève
Jardin du Luxembourg
Avenue Daumesnil
Panthéon
Jardin des Plantes
Gare de Lyon
Museum d'Histoire Naturelle
Musée d'Anatomie
Gare Montparnasse
Gare d'Austerlitz
Place Monge
Cimetière du Montparnasse
Bibliothèque de France
Place d'Italie
»Les Olympiades«